読んでわかる浄土宗

新版　檀信徒宝典

JODO SHU PRESS

●法然上人像（重文　奈良・當麻寺奥院蔵）

●地獄極楽図屏風（重文　京都・金戒光明寺蔵）

●地獄極楽図屛風（重文　京都・金戒光明寺蔵）

●源智造立阿弥陀如来立像（重文　浄土宗蔵）

●阿弥陀二十五菩薩来迎図〈早来迎〉（国宝　京都・知恩院蔵）

縁もなく、会社の勤行来法を相慎もゆゑなり。大名小上人。道生れ総じて、いかなる三人なり。夫を三人。ようくあり。末為三文給南の人合くわらのいまへきをもあらとる。亦都修乃ほともおとひやれ帯あるよきことがらもいあ御飲るの法あるなり

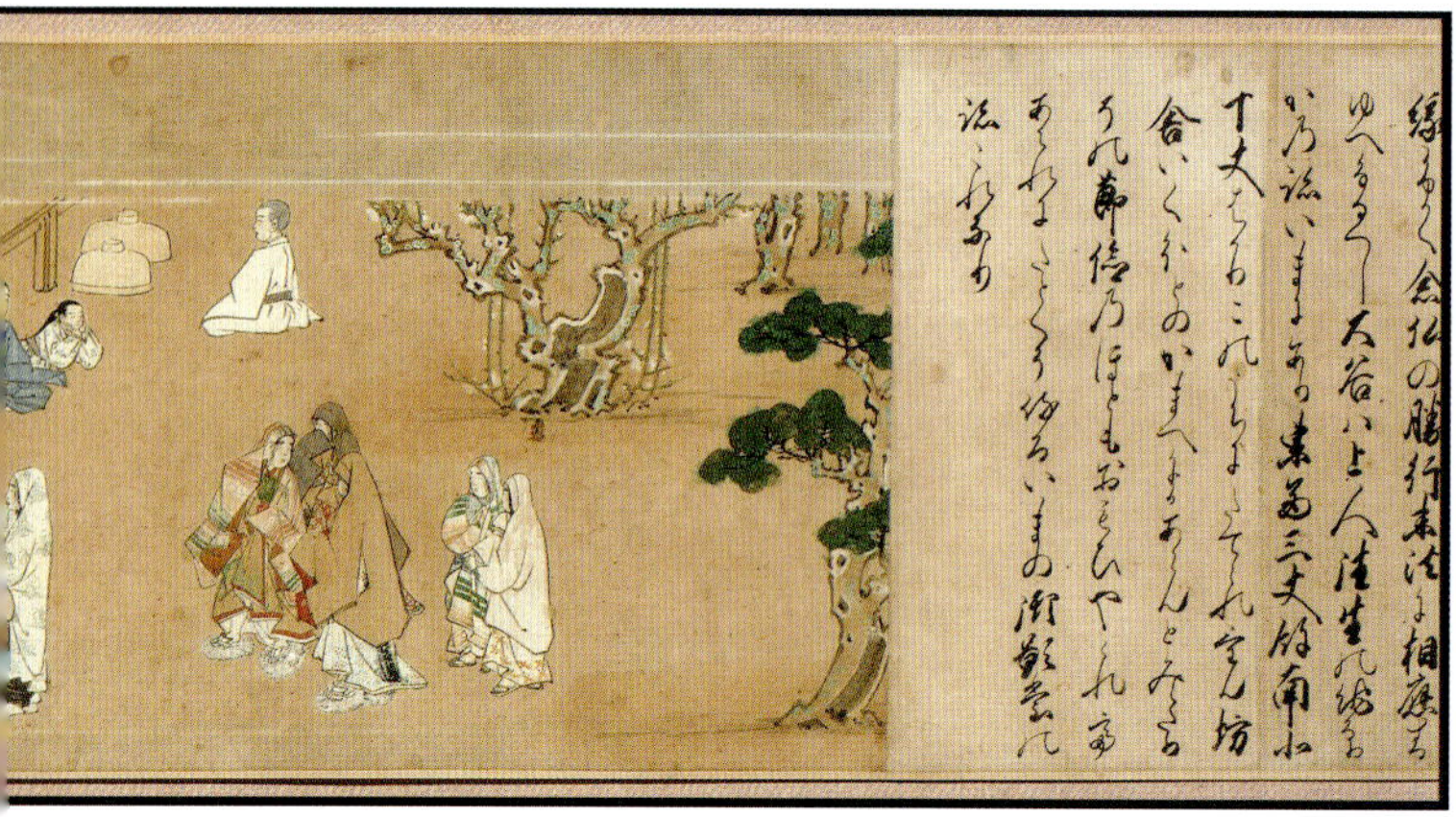

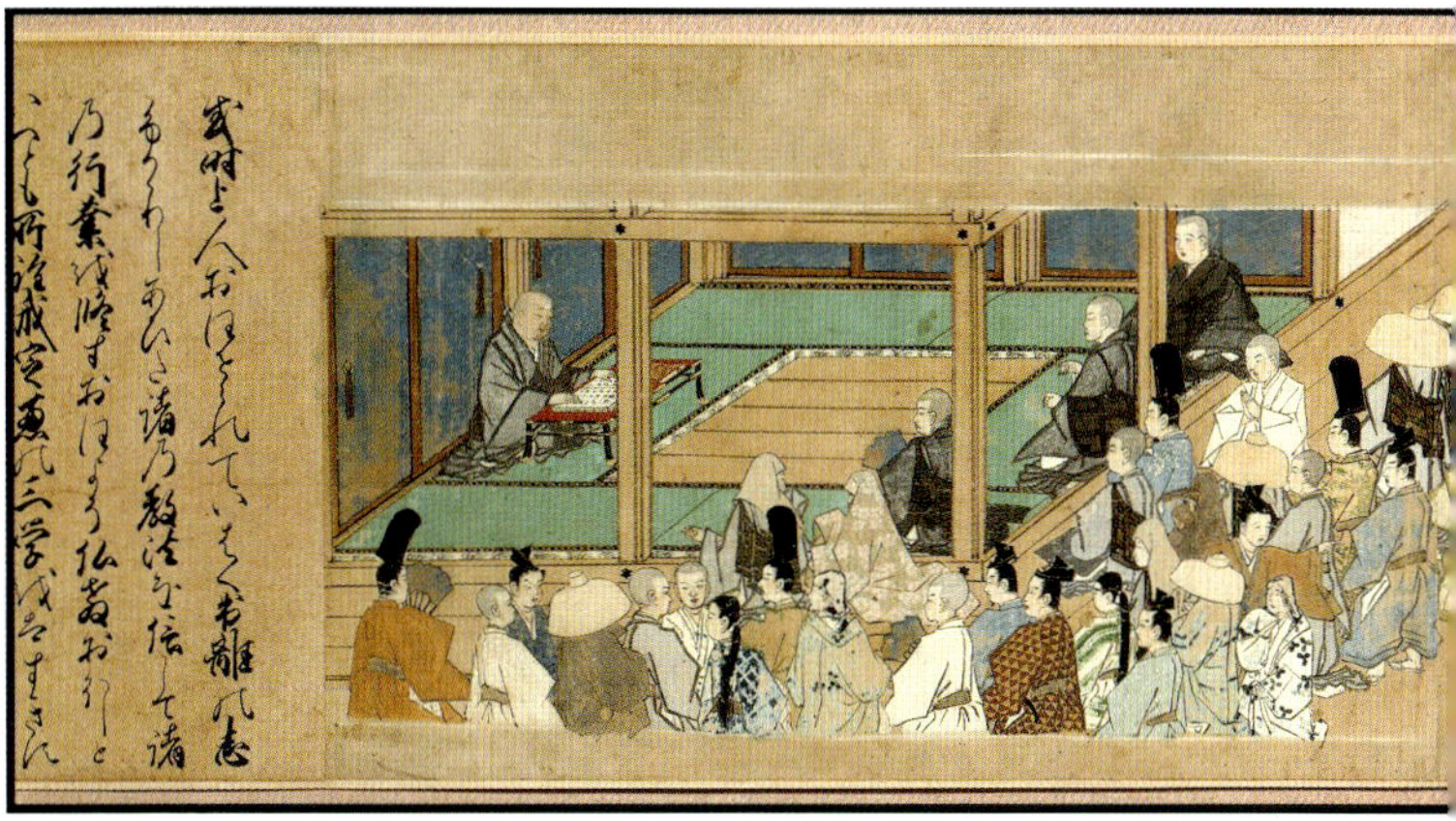

●『法然上人行状絵図』巻６（国宝　京都・知恩院蔵）

●『法然上人行状絵図』巻37（国宝　京都・知恩院蔵）

●琵琶湖越しに望む比叡山（滋賀県近江八幡市より）

●青龍寺（比叡山・黒谷）

南無阿弥陀佛

（伝法然上人真筆名号　『選択本願念仏集』重文　京都・廬山寺蔵）

私たちの宗旨

名称　浄土宗《じょうどしゅう》

宗祖　法然上人《ほうねんしょうにん》（源空《げんくう》）（一一三三－一二一二）

開宗　承安五年（一一七五）

本尊　阿弥陀仏《あみだぶつ》（阿弥陀如来《にょらい》）

教え　阿弥陀仏の平等のお慈悲《じひ》を信じ、「南無阿弥陀仏《なむあみだぶつ》」とみ名を称《とな》えて、人格を高め、社会のためにつくし、明るい安らかな毎日を送り、お浄土に生まれることを願う信仰です。

お経　お釈迦《しゃか》さまがお説きになった『無量寿経《むりょうじゅきょう》』『観無量寿経《かんむりょうじゅきょう》』『阿弥陀《あみだ》経《きょう》』の三部経《さんぶきょう》をよりどころとします。

浄土宗檀信徒信条

一、私たちは、お釈迦《しゃか》さまが本懐《ほんかい》の教えとして説かれた、阿弥陀《あみだ》さまのお救いを信じ、心のよりどころとしてお念仏《ねんぶつ》の道を歩み、感謝と奉仕につとめましょう。

一、私たちは、宗祖法然上人《しゅうそほうねんしょうにん》のみ教えをいただいて、阿弥陀さまのみ名を称《とな》え、誠実と反省につとめましょう。

一、私たちは、お念仏の輪をひろげ、互いに助け合い、社会の浄化と、平和と福祉につとめましょう。

宗紋

法然上人の生家・漆間《うるま》家の家紋に、月をあしらったもので、「月影杏葉《つきかげぎょよう》」と呼んでいます。

宗歌（月かげ）

月かげの
いたらぬさとは
なけれども
ながむる人の
心にぞすむ

「月かげ」は、法然上人が詠まれた和歌のうちの代表的な一首で、浄土宗では「宗歌」として位置づけています。

［意訳］月の光と同様、阿弥陀さまの慈悲の光も届かないところはないけれども、それに気づこうとする人の心にこそ、注がれることよ。

浄土宗二十一世紀劈頭《へきとう》宣言

愚者《ぐしゃ》の自覚《じかく》を
家庭にみ仏の光を
社会に慈《いつく》しみを
世界に共生《ともいき》を

刊行のことば

このたび、平成八年の刊行以来、多くの檀信徒の方々に好評いただいてきました『浄土宗檀信徒宝典』が内容を一新し、新たに刊行される運びとなりました。この『新版檀信徒宝典　読んでわかる浄土宗』は、浄土宗に関する疑問や仏事全般を現代社会に則した内容で掲載しており、檀信徒の信仰生活に役立つ一冊である出版として慶びにたえません。

法然上人《ほうねんしょうにん》の浄土宗の教えの基本は、反省と自覚です。法然上人自らが「愚痴《ぐち》の法然房」とおっしゃっておられます。上人は自らを深く反省して、言動においても、物の見方や考え方においても、至らない人間であると気づかれました。このように、自分がどのようなものであるかを自覚できれば、自然と向上心と共に、他者を崇《あが》め、求めるだけではない、優しい豊かなこころが生まれてくるものです。そして、何よりも大切なことは、阿弥陀さまに救っていただこう、という信仰心が芽生えてくるということです。

法然上人の『一枚起請文《いちまいきしょうもん》』には「たとい一代の法をよくよく学すとも、一文不知《いちもんふち》の愚《ぐ》鈍《どん》の身になして」「智者のふるまいをせずしてただ一向に念仏すべし」とあります。学問をして智恵をもって往生しようとしても、それはなかなか難しいことでございます。上人は、「たとえ釈迦一代の教えをよくよく学んでいても、その経典の一文さえわからない愚かな者と思い、無知の人びとと同一の立場にわが身を置いて、智者ぶった振る舞いをせずにただ一向に念仏せよ」とお示しくださっています。

念仏は、「還愚《げんぐ》」といわれますように、自らを反省して愚鈍になって修すべきであります。知識を絶対だと考えずに、信仰の世界に身を投げ出されることが大切です。

最後になりましたが、本書を手にされた檀信徒の皆様が、法然上人のみ教えを理解されて、ますます念仏信仰を深められ、本書が皆様の心得として浄土宗の案内書となることを祈念しております。

平成二十八年九月

浄土門主　伊藤　唯眞

新版 檀信徒宝典 **読んでわかる浄土宗〈目次〉**

第2章　知っておきたい浄土宗あれこれ…67

第3章　浄土宗の法要と行事…135

第4章　浄土宗のおつとめ…153

第5章　宗祖法然上人——伝記でたどるご生涯…185

付録

第1章

浄土宗の教え

世の中、いつ、どこで、何が起きるかわかりません。それは、世の中はさまざまなご縁が巡り合い、積み重なって織《お》り成されているからです。つまり、ご縁の巡り合わせ次第で状況は違ってくるということ。でも、どのご縁がどのご縁とどう絡み合っているのか、その全容は誰にもわかりませんし、ましてご縁の巡り合いをコントロールすることなどできません。

そうした世の中のありさまについて、仏教の開祖、お釈迦《しゃか》さま（前463－前383。生没年については他にも説があります）は諸行無常《しょぎょうむじょう》（すべてのものは移ろい変わる）という教えにして説き示されました。諸行無常は私たちの人生にも当てはまります。人は、いつこの世に生まれるのか、誰と出会いどのような人生を送るのか、いつから老いるのか、いつ病気になるのか、いつ死が訪れるのか――。

それはご縁の巡り合わせ次第ですから、自分自身はもちろん、誰にもわかりません。そうした諸行無常の中を生きる身なのだから、今を大事にせよ、巡り合っているご縁を大切にせよと、お釈迦さまは訴えたのです。

ところで諸行無常の教えにおいては、誰にも等しく訪れる「死」は、決して「終わり」ではなく、新たな「次の生《しょう》」に向かっていくスタートラインでもあると捉《とら》えられました。お釈迦さまは私たちの新たな次の生、いわば「いのちの行き先」を説き示されたのです。今を大切にし、自分自身の「いのちの行き先」を見定める。それがお釈迦さまの説く仏教的な生き方、「仏道《ぶつどう》」といえるでしょう。

仏道の歩み方は、地域や時代、民族、あるいは人によってそれぞれです。大切なのは、「あなたは、あなたに死が訪れるまで、あなたの仏道を歩み続ける」ということです。仏道を歩み続けたその先に、あなたを仏の世界が待っているからです。

この日本で法然上人《ほうねんしょうにん》（1133－1212）が開かれた浄土宗は、誰もが歩み続けることのできる仏道と、あなたの「いのちの行き先」として阿弥陀仏《あみだぶつ》の待つ西方極楽浄土《さいほうごくらくじょうど》の世界を説き明かしています。あなたはきっと、浄土宗のご寺院を菩提寺《ぼだいじ》とするご縁に巡り合われた檀信徒さんの一人でしょう。この本を手に取ったのも、それこそご縁の巡り合わせです。

ご一緒に、浄土宗の教えを学び、仏道を歩んでいきましょう。

① 慈悲の実践

◉仏道を歩む

よちよち歩きの幼な子の笑顔に出会った瞬間、思わず「まあ、かわいい」と微笑んだことはありませんか。あるいは、あなたの目の前に泣きじゃくる子がいたならば、とりもなおさずそばに駆け寄り「どうしたの、どこか痛いの？」と声をかけませんか。そうしたあなたの心の動き、行いを仏教では「慈悲」と呼んで尊《たっと》びます。

なぜ慈悲を尊ぶのか。それは、ほんの一時だけでも、その時、あなたの心は何の邪念もなく穏やかに安らいでいるからです。あるいは自分のことはさておき、誰かの安らぎをひたすら願っているからです。その小さな慈悲が、生きとし生けるものすべてを包み込む大きな慈悲となろうとする時、あなたに渦巻く貪《むさぼ》りの心・怒りの心・身勝手な心は鎮まり、あなたは譲り合う心・赦《ゆる》しの心・思いやりの心に満たされていきます。あなたの慈悲は御仏《みほとけ》の慈悲の心と響き合い、あなたは優しさにあふれていくのです。

小さな慈悲を大きな慈悲へと育てていくのが仏道の歩みです。あなたの心に小さな慈悲が芽生えた瞬間を大切にしたいと思えた時、あなたは仏となる道を歩み始めようとしています。これはとても尊いことです。しかし、その道は決して平坦ではありません。

想像してみてください。幼な子の笑顔ではなく、あなたに意地悪をしようとする人に出会ったなら、または、「お前のせいだ」とあなたを怒鳴り散らす人に出会ったなら、あるいは、あなたの親切を仇《あだ》で返すような人に出会ったなら、その時、あなたの心はかき乱されるはずです。許せないと思うかもしれません。せっかく芽生えた慈悲の心は摘み取られていきます。

あるいは逆に、知らず知らずのうちに、あなたが誰かを傷つけているかもしれません。あなたが誰かを怒らせているかもしれません。誰かを悲しませているかもしれません。あなたがそのことに気が付いた時には、もう取り返しがつかない事態に陥っているかもしれません。巻き戻すことのできない時間の中で、悔やんでも悔やみきれない気持ちがあなたを責め立て、自らを卑下《ひげ》しては心を沈ませていきます。そうした中で、はたして慈悲の心など育むことができるでしょうか。

いつ、何が起こるかわからない諸行無常の中を生きていく以上、あなたの行いも、あなたの心も、いつ何どき、どのようにかき乱されるかわかりません。慈悲を育むのが仏道だとしても、自分で自分の行いや心の動きを常にコントロールするのは極めて困難なことです。それだけに生きとし生けるものすべてに向けて、いつまでもずっと包み込むような大きな慈悲を育てていくことは、至難の業《わざ》と言わざるを得ません。

仏道は大慈悲の心を目指します。しかし仏道から逸れてしまうと仏の世界から遠ざかり、死後には地獄《じごく》・餓鬼《がき》・畜生《ちくしょう》の世界に陥るといいます。あなたはあなたの慈悲の芽生えを大慈悲に育み上げるまで、その道のりを歩みきることができますか。あなたにとって、そこが大きな問題なのです。

大丈夫です。あなたの、そして私たちの仏道は決して自分一人で歩んでいくものではありません。御仏が歩んでいるその道を、御仏に導かれながら歩んでいくのが私たちの仏道なのです。私たちは御仏に支えられながら大慈悲の完成を目指します。御仏に導かれつつ歩む仏道のその先に、御仏の大慈悲の世界が待っているのです。

◉阿弥陀仏と大慈悲

仏教は、お釈迦さまをはじめ幾多《いくた》の御仏がこの世にお出ましになり、あるいは私たちには見えないどこか別の世界に今現《いまげん》にいらっしゃると説き示します。それこそ星の数ほどいらっしゃると言っていいでしょう。みなご自身の仏道を歩んで仏となり、自らの仏の世界を実現させた聖なる方々です。

経典に「仏心《ぶっしん》とは大慈悲是《これ》なり」という一節があります。御仏がたはみな大慈悲をお持ちです。その多くの御仏がたの中、私たち浄土宗は、阿弥陀仏《あみだぶつ》とともに仏道を歩む道を選びました。それはなぜか、ご説明しましょう。

大慈悲とは、誰、彼と分け隔てることのない慈悲のことです。私たちには、縁のある人、縁のない人がいます。同じように困っていたら、きっと縁のある人に声をかけることでしょう。縁があるにしても、親しい人とそれほど親しくはない人がいます。同じように困っていたら、まずはより親しい人に手を差し伸べるのではないでしょうか。好き嫌いもあります。自分にとっての損得も考えます。私たちの慈悲は、まずは自分にとって大切な人へと向かいます。でも御仏には、そうした分け隔てる心がありません。

「仏心とは大慈悲是なり」には続きがあります。「無縁の慈をもって、諸《もろ》もろの衆生《しゅじょう》を摂《せっ》したもう」。縁なきことを縁として、誰も彼も一人も漏らさずともに仏道を歩んでくださる。それが御仏の心であり、大慈悲です。

私たちにとって重要なことは、数多《あまた》いらっしゃる御仏の中で、いったいどなたが私たちを御仏の世界まで導いてくださるのか、という問題です。浄土宗が阿弥陀仏とともに仏道を歩むことを選んでいるのは、阿弥陀仏こそ、その大慈悲を確実に実現する御力があると確信しているからです。「仏心とは大慈悲是なり。無縁の慈をもって、諸もろの衆生を摂したまう」との一節は、実のところ阿弥陀仏のことを指しています。

◉「本願」の力

お釈迦さまが説き明かすところによれば、阿弥陀仏は、もともと私たちと同じ人間でした。はるか遠い昔の、とある国の王さまでした。その王さまが世自在王仏《せじざいおうぶつ》という御仏から教えを聞き、自分もまた仏を目指そうとの志《こころざし》を発《おこ》して修行者となり、法蔵《ほうぞう》と名乗りました。王位をなげうってまで出家修行するのですから、よほどの決心であったのでしょう。

国王がどれほど泰平を願い、治めようと努力しても、天災地変は避けられず、国は乱れ、人々は恐怖におののき、貧困に喘《あえ》ぐばかりであったのかもしれません。あるいは国王がどれほど力を尽くしたにしても、老いや病いに苦しみ、死の淵にたたずむ人々はどうにもできないと、苦《く》悶《もん》していたのかもしれません。国王は人々の苦しみを目の前にして己の力不足を嘆き、すべての民を幸せにする力がほしいと切望していたのだと思います。そうした時に世自在王仏に出会い、人々にとって本当の幸せとは何かを国王は学んだのではないでしょうか。

この世には老いがあり、病があり、死があります。別れがあります。それらは誰も避けることができません。この世にいながら、老いないこと、病にならないこと、死なないこと、別れがないことを望んでも叶えられないのです。この世から自分が消え去り、もう二度と大切な人に寄り添えなくなるのは辛いことです。それこそが不幸なことではないでしょうか。本当の幸せとは、たとえ死んだとしても大切な人に寄り添える存在になることに他なりません。国王は、私たちの誰もがそうした存在になることのできる「いのちの行き先」を用意してあげたいと、そう願い、誓いました。そして、その「いのちの行き先」まで誰もがたどり着けるよう、ともに歩んであげたい、支えてあげたい、その力が欲しいと、そのようにも願いました。

その願いをどのように叶えるか。答えは「自ら仏となり、仏の世界を創り上げる」でした。だからこそ国王の位をなげうち、出家して仏となることを目指したのです。

法蔵という名の修行者となった国王は、自分の願いが叶う仏とはいかなる仏か、自分がなりたい仏とは具体的にはどういう仏なのか、自分が創り上げたい仏の世界とは具体的にはどういう世界か、仏の世界までともに歩むとは具体的にどういうことか、そうしたことを長い長い時間をかけて考え抜きました。それこそ天文学的な時間をかけたとされています。

参考にしたのは、世自在王仏から見せてもらった二百一十億《にひゃくいちじゅうおく》もの御仏と、それらの仏の世界のありようです。法蔵はそれぞれの良さをよくよく見極め、これ以上はない最高の組み合わせとして四十八の長所を選び抜きました。そして、その四十八すべてがそなわるように願い、さらにはそのうちの一つでもそなわらないうちは、たとえ今、仏になれるとしても「決して仏にはなるまい」と一々に誓ったのです。誓うということは、絶対に投げ出さない、諦めないということです。

その後の法蔵は、それこそ天文学的な途方もなく長い時間をかけて修行し、そしてついに仏となり、仏の世界を創り上げました。お釈迦さまによれば、ご自身（お釈迦さま）がいらっしやった時代から、これまたはるか遠い昔の話とされています。

法蔵は「阿弥陀」という名の仏となり、私たちの世界から見て西方はるか彼方《かなた》に極楽浄土を建立《こんりゅう》しました。二百一十億の御仏や仏の国から選《え》りすぐった四十八の長所はすべてそなわったのです。四十八通りに誓った願いをすべて実現させました。

阿弥陀仏がかつて法蔵であった時に誓った願いを「本誓願《ほんぜいがん》」または「本願《ほんがん》」といいます。法蔵が阿弥陀仏となった以上、法蔵が誓った四十八の本願（四十八願《しじゅうはちがん》）は今現に実現され続けています。阿弥陀仏には、その大慈悲を実現する力、形にする力がそなわっているのです。誓いを果たすまで決して投げ出さず、諦めなかったところに力が生じたのです。その力を「本願力《りき》」といいます。阿弥陀仏には、私たちの「いのちの行き先」を用意する力があり、そこまで私たちとともに歩み導く力があります。

私たち浄土宗が、数あるお釈迦さまの教えの中でも阿弥陀仏とともに歩む仏道を選んでいるのは、数多ましますす御仏とその世界の中で、私たちを導く力においては阿弥陀仏がもっともすぐれ、私たちの「いのちの行き先」としては極楽浄土が最もすぐれていると信じているからなのです。

コラム① 菩薩《ぼさつ》

「ファミレス」といえば「ファミリーレストラン」を略した言葉。「鴨ねぎ」は「鴨がねぎを背負ってきた」という慣用句を略した言い方。言葉や言い回しが略されるのは、世の常のようです。

仏教語にも省略言葉があります。その代表格が「菩薩」。観音《かんのん》菩薩や地蔵《じぞう》菩薩などの「菩薩」です。

菩薩は「菩提薩埵《ぼだいさった》」の略。「菩提」は古代インド語で「さとり」を意味する「ボーディ」を漢字に当てたもの。「薩埵」は同じく「存在する者、衆生《しゅじょう》」を意味する「サットゥヴァ」あるいは「サッタ」のこと。つまり菩提薩埵は「さとりを求める者」と理解されています。

修行時代のお釈迦さまも菩薩と呼ばれますが、さとりを求める者はみな菩薩です。ちなみに「さとった者」のことを「ブッダ」といいます。「ボーディ」と語源は同じで「仏陀」と書きます。略して「仏」。菩薩は「仏となることを目指す者」でもあるのです。

さとりを求めるには、一人静かに自らの心を清め、身を慎むという道もあります。しかし菩薩はそれにとどまらず、自分一人がさとることを「よし」としません。他者とともに笑い、ともに喜び、ともに泣き、ともに悲しみ、苦しみをともにしながら人々の幸せを願い、「自分だけ仏となるわけにはいかない。一人でも多くの人をさとりに導くためなら、その間、どんな苦労もいとわない」と志を掲げる者こそが菩薩と称されるのです。その志を叶えた時、菩薩は仏となるのです。

◉極楽に往生したなら

阿弥陀仏の極楽浄土についてお釈迦さまは「もろもろの苦《くるしみ》あることなく、ただもろもろの楽《たのしみ》のみを受《う》く」と説き明かしています。肉体的な苦痛はもちろん、精神的な苦悩がまったくないところ、心身ともに心地よいところ、それが極楽です。

極楽にはさまざまな花が咲き誇り、花びらが舞い、芳《かんば》しい香りが漂い、さわやかな風が吹き、その風が樹木の間を吹き抜ける時、妙《たえ》なる音楽となり、あるいは色鮮やかな鳥々が仏法を囀《さえず》っているといいます。だからこそ心身ともに心地よいのでしょう。しかし、そればかりではありません。

私たちが死んだあと極楽に往生したなら、いくつかの能力がそなわると、阿弥陀仏は四十八願に誓われています。私たちははるか遠い昔から、何度も生まれ変わってきました。その一つ一つの人生にたくさんの出会いと別れがあり、さまざまなご縁がありました。もちろん、今生《こんじょう》もそうです。極楽に往生したならば、そのすべてを克明に思い出すことができるといいます。大切な人が誰だったのか思い出すのです。また、極楽に往生すると、はるか遠い未来とはるか遠い彼方を見通せることができます。大切だったあの人が今どこにいるのか、その人の「いのちの行き先」はどこなのか、はっきりと知ることができます。極楽に往生すると、はるか遠い世界のどんなに小さい音でも聞き取ることができます。見つけ出した大切な人がどれほど遠い世界にいようとも、その人の声はもちろん、小さなため息、心臓の鼓動まで聞き取ることができます。その人が何を考えているのか、どんな思いをしているのかを知ることができます。その人がどれほど遠い世界にいようとも、その人のそばに寄り添いたいと思えば一瞬のうちに駆け付けることもできます。

その時、私たちの心は何の邪心もなく、ただただその人のことだけを考えて、その人を極楽まで導いてあげたいと願います。どのような困難があっても、それは必ず叶います。そして、それは私たちにとって大きな喜びとなります。

「もろもろの苦あることなく、ただもろもろの楽のみを受く」とは、極楽の環境がそうだというだけでなく、私たちの心が慈悲に満たされ、その慈悲の心を形にすることのできる喜びをも意味するのでしょう。

◉無量光・無量寿

極楽に往生したならば、私たちは阿弥陀仏の本願力によって、かつて（生前）親愛の情を交わした大切な人たちの今を捜《さが》し求めて、はるか遠い世界まで赴《おもむ》くことができます。その人のそばに寄り添うことができます。その時、捜し求めたその人の心もまた慈悲にあふれていたならば、お互いに喜び合うことができます。

ところが、もし、その人の心が邪《よこしま》な煩悩に覆われていたならば、はたして私たちにその煩悩を取り去ることができるでしょうか。もしその人が仏道からはずれ、地獄の世界に堕《お》ちて苦しんでいたならば、私たちにその人を救い出すことができるでしょうか。残念ながら答えは、「否」です。私一人では、どうすることもできません。ただし、どのようなところであっても阿弥陀仏の大慈悲は及んでいます。

阿弥陀仏は無量光仏《むりょうこうぶつ》とも呼ばれています。御仏やさとりの境地に近付いた聖者は、その証としてお体から光を放ちます。阿弥陀仏はご自身の光について、たとえどれほど遠い世界であろうとも照らさぬことがないようにと、四十八願の中で誓われました。阿弥陀仏の光明は、いかに遠いところであっても果てしなく照らし出します。しかも阿弥陀仏は、その光明に照らされる者は身も心もやわらぎ、幸せを実感できるようにすると誓われました。阿弥陀仏はその大慈悲の心を、自らの光明として示し、実現しようとしたのです。そして阿弥陀仏の光明に出会う者は、心から邪な煩悩が消え去るばかりか、地獄に堕ちて苦しみ喘《あえ》いでいる者であっても、その苦しみは止み、地獄での寿命を終えればそこから解放されます。

阿弥陀仏はまた、無量寿仏《むりょうじゅぶつ》とも呼ばれます。四十八願において、自分が仏となる以上、自分の寿命が量り知れるうちは決して仏にならない、自分の寿命はいわば無限でなければならないと誓いました。もし阿弥陀仏が死んでしまったならば、極楽浄土も、大慈悲の光明も消えてなくなるかもしれません。阿弥陀仏にとって、それは絶対にあってはならないことでした。

未来に、もしも阿弥陀仏がおられないとしたなら、阿弥陀仏の光明がないとしたなら、極楽浄土がないとしたなら、私たちはいったい何に救いを求めればいいのでしょう。阿弥陀仏は未来永劫《えいごう》にわたり、その光明でどこまでもどこまでも、はるか遠い世界を照らし続けなければならないのです。だからこそご自身の寿命は無量でなければならないと誓われました。もちろん、その誓いは叶えられています。阿弥陀仏の大慈悲の光明は、いつまでも絶えることがないのです。

◉お念仏――南無阿弥陀仏

浄土宗は私たちの「いのちの行き先」として阿弥陀仏の極楽浄土へ生まれることを願い、阿弥陀仏に導かれて歩む仏道を選びました。では、その仏道の歩み方とは、いったいどのようなものなのでしょう。その答えは、実は阿弥陀さまが用意してくださっています。四十八願の中に、次のような誓いがあります。

「私が仏となる以上、誰であれあらゆる世界に住むすべての人々が、まことの心をもって深く私の誓いを信じ、私の国土に往生しようと願い、少なくとも十遍、私の名をとなえたにもかかわらず、万が一にも往生しないというようなことがあれば、その間、私は仏となるわけにはいかない」

誰であろうと「南無阿弥陀仏《なむあみだぶつ》」と十遍お念仏をとなえたならば、阿弥陀仏はその人を必ず極楽浄土に往生させる、往生を叶えると誓っています。「念仏往生願《ねんぶつおうじょうがん》」といいます。

誰かに呼びかけるように仏の名をとなえることなら誰にでもできると、阿弥陀仏は、そう思ったのでしょう。この念仏往生願はすべての人に向けたものです。阿弥陀仏はご自身の極楽浄土をすべての人の「いのちの行き先」にしたいのです。そこに往生させたいのです。

法蔵が誓った四十八の本願が成就して阿弥陀仏となった時、お念仏をとなえる者を極楽に往生させることができるという本願力がそなわりました。私たちにとってこのことが何より大事なのです。

私たちは今、この目で直接、阿弥陀仏のお姿を見ることはできません。その声を聞くことも、あたたかな光明を感じ取ることもできません。その存在を確かめることはできないのです。それでも、私たちが「南無阿弥陀仏」とお念仏をとなえる時、阿弥陀仏は阿弥陀仏の本願力を発揮してくださいます。

「南無」とは古くからのインドの言葉「ナマス」を漢字に当てたもので、「おじぎをすること」「あいさつすること」「帰依《きえ》すること」「崇拝すること」といった意味があります。「南無阿弥陀仏」とお念仏をとなえることは、「阿弥陀さま、どうぞ私たちの〈いのちの行き先〉極楽浄土までお導きください」と心から願い出る、私たちの意思表示にほかなりません。そうした私たちの呼びかけに、阿弥陀仏は応えてくださいます。

私たちが阿弥陀仏に対して合掌し頭《こうべ》を垂れるとき、阿弥陀仏はそうした私たちの姿を見て取ってくださいます。「南無阿弥陀仏」ととなえるとき、その声を聞き取ってくださいます。

ともに歩んでくださいと願う心を汲み取ってくださいます。阿弥陀仏はその大慈悲の光明で私たちを親しげに包み込み、極楽浄土に往生するまで見守り、ともに歩んでくださいます。阿弥陀仏は私たちと親密な関係「親縁《しんえん》」を築いてくださるのです。

私たちの仏道とは、そう、お念仏をとなえることに他なりません。お念仏は私たちがとなえるものです。そのお念仏が私たちを阿弥陀仏の仏道という大河に導いてくれます。そこにこそ、お念仏の功徳があるのです。

ちなみに「阿弥陀」という言葉は、古くからのインドの言葉で「量り知れない」「無量」という意味があります。その光明が無量であり、その寿命が無量であり、そして大慈悲を形にする本願力が無量であり、総じてその功徳が無量ということでありましょう。私たちが「南無阿弥陀仏」とお念仏をとなえる時、私たちは阿弥陀仏の量り知れない功徳と出会い、導かれていくのです。

②法然上人、浄土宗を開く

◉阿弥陀仏の大慈悲を伝えるために

お念仏をとなえることが阿弥陀仏に導かれて歩む仏道となる――。

お釈迦さまのその教えを、この日本においてあらためて説き示されたのが、浄土宗の開祖（宗祖）、法然上人《ほうねんしょうにん》（1133－1212）です。なぜ、あらためて説き示されたのか。それは、お念仏をとなえ阿弥陀仏の極楽浄土に往生することが、私たちにとって最もすぐれた仏道であることを示したかったからです。

仏の世界「浄土」は御仏の清らかな心がそのまま一つの世界となって現れ出たとされます。御仏の心そのものの世界ですから、そこには煩悩のかけらもありません。そこに住している者においてもまた、煩悩などかけらほどもありません。そこで、ある考え方、解釈が浮かびます。「仏の世界がそういうものであるなら、煩悩を断ち切った人こそが浄土の住人となれるはず。浄土に往生できるのは煩悩を断ち切った人だけである。もし、煩悩を断ち切れないまま往生できるなら、その浄土は煩悩にまみれた世界であって、浄土としては劣った世界である」、と。法然上人の在世当時も、それ以前も、そう理解するのが常識でした。

同じことはお念仏にも言えました。「浄土に往生できるのは煩悩を断ち切る修行を成し遂げた人だけに違いない。とすれば、それだけの功徳《くどく》を積まなければならない。『南無阿弥陀仏』ととなえるだけ、簡単に誰にでもできる念仏にそれだけの功徳があるわけがない。もし、その念仏だけで往生できるのなら、その浄土は功徳の少ない、浄土としては劣った世界である」、と。

しかし阿弥陀仏は「煩悩を断ち切ったならば往生を叶える」とは誓っていません。「お念仏をとなえる人の往生を叶える」と誓い、実現しています。さらに阿弥陀仏の浄土である「極楽」は、二百一十億の仏の世界の長所を選りすぐって組み合わせた世界です。劣っているはずがありません。念仏往生も阿弥陀仏が選びに選び抜いた往生の方法です。法然上人は、阿弥陀仏が選びに選んだ本願とその本願力を多くの人にしっかり理解してほしいと考えたのです。

阿弥陀仏の御心は大慈悲です。大慈悲は、ありとあらゆる人を救い導きます。煩悩を断ち切れない人を迎え入れてこそ、極楽浄土の意義があるのです。功徳の少ない人、功徳を積むことのできない人の往生を叶えてこそ、お念仏の価値があるのです。そうしてはじめて大慈悲は実現されます。

阿弥陀仏の大慈悲を広く世に伝えるために、法然上人は浄土宗を開かれたのです。承安五年（1175）、上人四十三歳の春でした。

◉法然上人の時代

「お釈迦さまが亡くなると時間の経過とともに仏法は廃《すた》れ、仏の境地を求める人も、仏の境地を説き弘める人も少なくなる時代を迎え、やがては一人もいなくなって仏法が滅んでしまう」。仏教にはこうした世界観があります。これを「末法思想《まっぽうしそう》」といいます。そして、その末法思想が人々を恐怖と不安に陥《おとしい》れていた時代がありました。実はこの日本でも、永承七年（1052）から末法の時代に入る、それは千年続くと考えられていました。法然上人は長承二年（1133）のお生まれですから、その約八十年前に当たります。

その頃、天皇家や貴族が治める世の中から、やがて平家・源氏の武士の世に移り始めます。その間、嘉保《かほう》三年（1096）には大きな地震があり、京や奈良では寺院も壊滅的な被害に遭いました。東海道では大津波もあったと伝えられています。法然上人の存命中（1133－1

212）でいえば、僧兵たちが争い、保元の乱（1156）や平治の乱（1160）があり、院政から平家の台頭、そして源平の合戦、時代は貴族から武家の治世へと大きくうねり出しました。それればかりか、養和《ようわ》の飢饉《ききん》（1181）が発生し、京の都に夥《おびただ》しい死者が出たといいます。まさに「明日をも知れぬ命」が実感される中、人々は今日一日をなりふり構わず生きていくのが精一杯だったに違いありません。

仏道は仏の境地を求めます。そのために慈悲の心を育てます。しかし、世の中が乱れ今日一日を生きられるかどうかもわからない極限の状況の中で、他人を思いやり、慈悲の心を育てることなど、はたしてできるでしょうか。仏道を踏み外し、「いのちの行き先」を地獄に向かわせたとしても、いったいそれを誰が責めることができるでしょう。むしろ、哀れむべきというほかありません。

阿弥陀仏の大慈悲は、私たちが何度、仏道を踏み外そうとも私たちを包み込んでくださいます。私たちがお念仏をとなえる限り極楽浄土まで導いてくださいます。末法と呼ばれる時代であっても歩むことができる仏道がある。しかも、その仏道は自分の力で歩む仏道ではなく、阿弥陀仏の大慈悲に導かれる仏道です。御仏に導かれる仏道なのですから、自分に仏道を歩み切れるかなどと、心配する必要がありません。

いつ、どんな時代であっても、現に生きる人々にとって本当に必要なのは、阿弥陀仏に導かれ阿弥陀仏とともに歩む仏道、お念仏の道です。浄土宗は、法然上人がそう見抜かれたところから出発しています。

３ 凡夫ということ

◉あなたは善人？　悪人？

「南無阿弥陀仏」とお念仏をとなえる限り、どのような人生を送ってきた人であろうと阿弥陀仏は極楽往生を叶えてくださいます。そこにこそ、阿弥陀仏にそなわる大慈悲の真骨頂があります。この点について法然上人は、「ただお念仏さえとなえるならば、誰でも往生が叶うということを心に刻み、わが身の善し悪しにとらわれることなく、阿弥陀さまの本願をたよりとしてお念仏をとなえてまいりましょう」（『念仏往生要義抄《ねんぶつおうじょうようぎしょう》』）とおおせになっています。

実は「誰でも」には、善人ばかりではなく悪人も、罪深い人も含まれます。仏教の修行をたくさん重ねて煩悩を吹き消そうとしている人も、煩悩にどっぷりまみれている人も、律《りっ》した生活を送る人も自堕落《じだらく》な人も、賢い人もそうでない人も、みな含まれるのです。「誰でも」とは、一切の条件、制限を設けないということです。「誰でも」とは「平等」を意味します。それが「大慈悲」なのです。

とはいえ、「善い行いを重ねればそれ相応のよい結果に恵まれ、悪い行いを重ねれば相応のよくない結果に見舞われる。そうでなければ善いことをしたところで立つ瀬がない」と考えるのが、人情というもの。そしてそこからは「悪人であれ、煩悩にまみれた人であれ、みな往生が叶うのであれば、善人であるように努めたり、慈悲を育てたり、煩悩を吹き消そうとしたりする必要はないのではないか。悪人のまま、煩悩にまみれたままでいい、それで往生が叶うというなら、かえって世の中は乱れるのではないか。何のための仏道だろう」といった指摘が聞こえてきそうです。

もっともです。私たちは善人であるべきです。お釈迦さまの言葉に「悪いことはなるべくしないようにしよう、善いことは進んで実行するようにしよう。そうすれば心は自ずと晴れわたる。それがあらゆる仏の教えである」とある通りです。その晴れわたった心の先に慈悲深い仏の境地があるのでしょう。法然上人も、その点に異論があろうはずがありません。

ただし、ここに一つの問題があります。たとえば「悪人でも往生が叶うというのであれば善人であるように努める必要があるのか」というように、悪人に「でも」を付けて指摘する場合、まず人間を善人と悪人の二つに分けた上で、善人を優、悪人を劣と評し、悪人は「けしからん者」と否定する意識がすでに働いています。当然といえば当然のことなのですが、問題は、知らず知らず自分を善人の側に位置付けようとしていることです。自分で自分を否定したくはないからです。

でも、本当に自分で自分を善人と言い切れるでしょうか。あるいは自分は慈悲を育てている、煩悩を吹き消そうとしていると言い切れるでしょうか。そこに、ごまかしはないでしょうか。自分は善人に決まっている、煩悩などにまみれてはいないという決め付けはないでしょうか。

自分は慈悲深い善人になり切れる、あらゆる煩悩を吹き消すことができる、さとりをもたらす智慧を得ることができる。そのように断言し、仏道を歩むのも結構なことでしょう。むしろ、尊いことです。しかし、そう断言できない人は、断言できない自分を素直に受け容《い》れてください、というのが法然上人のお考えです。

阿弥陀仏は私たちの念仏往生を叶えるにあたり、善とか悪とか、煩悩の多少であるとか、一切の条件、制限を設けません。阿弥陀仏は私たちを比較して優劣をつけるようなことはなさいません。ならば私たち自身も、他人と自分を比べて、善人とか悪人とか優劣を論じる必要などないでしょう。

少しでも慈悲深い善人であるように努めること、煩悩を吹き消そうと努めること、貪《むさぼ》らない、怒らない、身勝手な「わからずや」にならないように努めることは仏道を歩む上での基本です。それはあくまでも自分自身の問題です。にもかかわらず、それがなかなか身につかないのが人間です。そこを自覚しなければなりません。そうでないと「自分は人格者だ」と決め付けているうちに高慢《こうまん》になったり、「どうせ自分にはできっこない、ダメなんだ」と開き直るうちに「自分がダメなのは、自分のせいではない、誰かのせいだ」と、自分自身から目を背けようとします。そうした心で極楽往生を願ったとしても、偽りの自分を往生させてくれと頼んでいるようなものです。

善人でなくとも構いません。ただし、少しでも善人になろうと、一歩でも前に進もうとすることは大切です。その上で、今の自分をごまかさずにしっかりと見つめてみる。その時に初めて、阿弥陀仏が「お念仏をとなえる者は誰でも極楽往生を叶えよう」と約束してくださった、その「誰でも」は「他ならぬこの自分自身」であるということに気付くはずです。そこに阿弥陀仏の平等の慈悲があるのです。

◉凡夫の自覚を

父母を縁としてこの私が生まれてくる。考えてみれば不思議なことです。この世に生を授かることを、経典は、数々の譬《たと》えを用いながら、それがさまざまな困難を乗り越えた結果であると説き示します。まるで「奇跡」のようにも思えます。しかし、人間の世界に生まれてくること自体、実は煩悩のなせる業と考えるのが仏教です。

仏教では、私たちは生まれては死に、死んでは生まれ、を繰り返していると考えます。その生まれる先は、地獄・餓鬼・畜生・人《にん》・天《てん》・修羅《しゅら》の六つの境涯。つまり六道《ろくどう》の世界のどこかに生まれては死に、またどこかに生まれては死ぬという生死《しょうじ》を繰り返します。これを六道輪廻《りんね》といいます。

六道の世界はどこも、貪り・怒り・身勝手な愚かさという煩悩に身を委ねてしまう世界です。そして、煩悩に身を委ねたまま死を迎えると、「いのちの行き先」は煩悩のなすがままとなって、また六道のどこかに生まれ変わることになります。輪廻する限り、私たちは煩悩の世界にとどまり、苦しみにあえぎ続けるのです。

この輪廻を断ち切り、煩悩の世界から抜け出すことを「解脱《げだつ》」といいます。人は、解脱して初めて、仏の世界に立ち入ることができます。人としてこの世に生まれるということは、まるで奇跡のように尊いことに違いはありませんが、同時にそれは、これまで数え切れないほどの生死を繰り返してきたことを意味しています。そう、これまで私たちは遠い遠い昔から姿形を変えながら生まれ変わり、その間ずっとずっと煩悩に絡め取られてきた存在なのです。こういう者のことを仏教では「凡夫《ぼんぶ》」といいます。「私たち人間はすべからく凡夫である」というのが仏教的な見方と言えます。

そもそも凡夫である私たちのことですから、煩悩の芽生えを見逃し、そのまま慈悲を育てることがないというのであれば、いつしか誰かを妬んだり、憎んだり、悲しむ人を見下し笑うようになります。そして、これから先もずっと六道を輪廻し、煩悩の世界を迷い続けていきます。嫉妬や憎悪や愚かさに満ちた世界は、無慈悲に傷つけ合う世界です。そのままそこにいていいわけがありません。煩悩のない境地を目指し、六道輪廻からの解脱を求める心、仏道を歩んでいこうとする心を育てていくべきです。

ところが、凡夫の心というものは厄介なものです。法然上人の言葉があります。

凡夫の心は乱れに乱れ、酒に酔っているようなもので、善悪を正しく判断することができません。一瞬のうちに百通りもの煩悩が湧き起こり、善悪の判断が乱れやすいものなのです。

（法然上人『往生浄土用心《おうじょうじょうどようじん》』）

そう、一瞬のうちに百通りもの煩悩が湧き起こるのが私たち凡夫です。そして凡夫である以上、その煩悩をコントロールし切れない愚かさがあります。もし煩悩がなくなってもいないのに「煩悩はない」と思い込む時があるとするなら、それもまた愚かさというものです。「誰が」輪廻からの解脱を求め仏の境地を目指すのか。その「誰」がほかならぬ自分自身であるならば、自らの愚かさ、煩悩から目を背けてはなりません。釈尊の言葉が励みとなります。

愚かさを推《お》し量る愚者は、それ故にまた、賢者である。
賢者であると慢心を抱く愚者は、それこそ愚者といわれる。

（『ダンマパダ』第六三偈。同系統の仏典に漢訳経典の『法句経』）

自分が愚者であると自覚して初めて、仏道を歩み出すことができます。そして、自らの煩悩の深さを知れば知るほど、自身の至らなさに気付かされます。先ほどの法然上人の言葉には続きがあります。

一瞬のうちに百通りもの煩悩が湧き起こり、善悪の判断が乱れやすいのですから、たとえどのような修行であっても自分の力で成し遂げられるものではありません。

自身の至らなさに気付く時、自らの力で仏の境地を目指すことが極めて困難であると思い知らされます。しかし、そのことが同時に、私たち凡夫を哀れむ阿弥陀仏の御心に目を向けるきっかけとなっていくのです。

私たち浄土宗は凡夫の自覚、愚者の自覚を大切にします。もちろん「どうせ愚か者だから」と自分たちを卑下するつもりは毛頭ありません。いかなる仏教であれ、自分を知ること、自分をごまかさずに見つめることが仏道の第一歩にして、仏道の肝要であると言いたいのです。ですから私たち浄土宗は、堂々と「愚者の自覚」を掲げているのです。

コラム② 聖道門《しょうどうもん》と浄土門《じょうどもん》

巣の中の雛《ひな》が口を大きく開け親鳥から餌をもらう。そんな光景を目にしたことはありませんか。雛には、生きたい、育ちたいという思いがあり、親鳥には生かしたい、育てたいという思いがあります。親鳥は雛のために懸命に餌を採り続け、害敵とは命をかけて戦います。それが自然の摂理です。魚や昆虫などの中には、生まれた瞬間から自力で生きる生き物もいます。それもまた自然の摂理です。

お釈迦さまの教えは、後世、いくつかの視点から分類されました。その一つが浄土門と聖道門という分け方です。浄土門の教えは、極楽に往生して菩薩となり、阿弥陀仏や極楽の先輩方のサポートを受けながら仏となることを目指します。浄土門では修行の場を、死後、この世から極楽浄土へと移します。極楽浄土こそ仏を目指すに最も適した世界だからです。一方聖道門は、いま現に生きているこの世で自ら仏となることを目指します。しかしそれは、幼い雛が親鳥の思いに気付かぬようなもの。さまざまな困難が伴います。聖道門の修行は難行道《なんぎょうどう》ともいわれます。

浄土門が目指す極楽往生はお念仏をとなえることで叶えられます。お念仏は誰にでも容易《たやす》いことから易行道《いぎょうどう》ともいわれます。しかも念仏往生にはもれなく阿弥陀さまの保証が付いています。その阿弥陀さまの御心に「我が意を得たり」と絶賛したのがお釈迦さまです。仏教の開祖お釈迦さまが絶賛する教え、それが浄土門なのです。

④ 倶会一処《くえいっしょ》の世界へ

◉いつでも、どこでも――光明を仰ぐ

死は誰にでも訪れます。でも、若くて元気のある間、年老いても健康である間は、自分の死を深く意識することはありません。大切な人と死に別れたとしても、自分の身体に元気があり健康であれば、自分自身の死など想像することもできないでしょう。しかし、死の訪れは誰に対しても時や場所を選ぶことがありません。どのような人生を送っていようとも、まだ死にたくないと泣き喚《わめ》こうが、死の訪れがその人を見逃すことなど決してないのです。

私たちの「いのちの行き先」を御仏の世界と見定め、そこに向かって歩んでいくのが仏道です。いつ死が訪れるか誰にもわからない、それが「諸行無常」の世の中です。自分の心がどう変化するのか自分でもわからない、それが「凡夫」です。「諸行無常」の世の中を生きる「凡夫」だからこそ、いつでも、どこでも、立ち止まらず仏道を歩んでいかねばなりません。それはお釈迦さまが仏教を説き始めた時代も、末法と呼ばれる時代も、今現在も、未来の世も同じことです。そして、お釈迦さまが仏教を説き始めた時代も、末法と呼ばれる時代も、今現在も、未来の世も、阿弥陀仏が私たちを大慈悲の光明で照らし出していることに変わりはありません。

法然上人の詠まれたお歌があります。

月かげの　いたらぬさとは　なけれども　ながむる人の　心にぞすむ

このお歌は浄土宗の歌「宗歌」にも定められています。「月かげ」とは月の光のこと。月の光は地上を遍《あまね》く照らしているけれども、その月の光は月を仰ぎ見るその人の心を照らし出す、という意味になるでしょう。法然上人は、阿弥陀仏の光明を「月かげ」に譬《たと》えています。

一人も漏らさず私たちを導こうという阿弥陀仏の光明は、私たちがいつ、どこにいようとも私たちを包み込んでいます。しかし、私たちにその光明を素直に受け容れる気持ちがなければ、私たちは何も変わりません。「いのちの行き先」を定めることができず、仏道を踏み外したまま六道を輪廻し続けます。では、阿弥陀仏の光明を素直に受け容れるには、どうしたらよいか。難しいことではありません。そう、「南無阿弥陀仏」とお念仏をとなえればいいのです。

◉大慈悲の世界へ――倶会一処

あなたが「南無阿弥陀仏」ととなえるとき、阿弥陀仏の大慈悲はあなたを抱きしめて離しません。私たちに、いつ死が訪れるかわかりませんが、その時まで、阿弥陀仏の大慈悲に抱かれた生活を送る。そして、私たちのこの世における「いのち」が尽き果てようとするとき、阿弥陀仏は観音菩薩や勢至菩薩をはじめ極楽の諸菩薩《しょぼさつ》をともないながら、私たちの目の前にその姿を現し、私たちをあらためて包み込んでくださいます。極楽浄土から私たちをお迎えに来てくださるのですから、これを「来迎《らいこう》」といいます。

極楽浄土に往生した人は、往生する以前の、何度も生死を繰り返してきたはるか遠い過去のご縁をすべて憶《おぼ》えています。ご縁を結んだ人が今どこにいるのかもわかります。ならば極楽往生した人、すなわち前に亡くなったご先祖や、家族や、友人や、隣人は、私たちのことをずっと見守ってきてくれたはずです。私たちが臨終を迎えてもなお見守っていてくださるはずです。見守りたい人が大切な人であればあるほど、阿弥陀仏とともにその臨終に寄り添っていたいと思うに違いありません。

もしあなたが、日ごろ亡き人に手を合わせて「南無阿弥陀仏」ととなえているならば、亡き人はあなたの臨終に姿を現し、「あなたは阿弥陀さまとともに仏道を歩んでいただけではないんだよ。先に極楽に往生した私たちとも一緒に仏道を歩んでいてくれていたんだよ。ありがとうね。さあ、一緒に阿弥陀さまの後ろをついていきましょう」と声をかけ、肩を抱いてくれることでしょう。

極楽は、かつてご縁のあった、あなたとって親しい人ばかりがいるはずです。極楽からあなたをずっと見守り、目には見えなくてもともに仏道を歩んでいてくださっていたに違いありません。そしてあなたの臨終には、阿弥陀仏とともにあなたの目の前に姿を現してくださいます。極楽に先立った人々はみな菩薩です。菩薩として阿弥陀仏とともに来迎してくださるのです。

この世には、大切な人との別れがあります。辛いことです。しかしお念仏をとなえ極楽に往生する者同士であれば、極楽浄土での再会が叶います。極楽浄土は、一つのところでともに会う「倶会一処《くえいっしょ》」の世界と説き示されています。お念仏をとなえる限り、みな阿弥陀仏の大慈悲に抱かれながら親しく導かれ、そしてみな同じ極楽浄土の人、いや菩薩となるのです。

阿弥陀さまがいらっしゃる。極楽浄土がある。お念仏で往生が叶う。どれもこれも、客観的に、あるいは科学的に証明できるものではありません。しかし、大切な亡きあの人が、今もきっとどこかで私を見守っていてくださるに違いない、そうであってほしいと、思いませんか。亡き方の穏やかな微笑み、優しい言葉、慈悲の心を思い出すとき、癒されている自分がいることに気付きませんか。どこかであの人は、その慈悲の心を大きく育てようと精進《しょうじん》しているに違いない、そうであってほしい、そうは思いませんか。

そう思えたとき、極楽浄土はあなたにとって大切な人の「いのちの行き先」として、なくてはならない世界となっています。あなたにとって大切なあの人が、御仏の導きのもと極楽浄土で慈悲の心を育てていてほしいと願うとき、阿弥陀仏はあなたにとって大切な人を導いてくださる御仏として、仰がずにはいられない心のよりどころとなっています。

大切な人を残して、あの世に行かねばならない。でも、必ずどこかで見守っていたい。極楽浄土から見守れるのであれば極楽に往生したい。そう願うとき、「南無阿弥陀仏」ととなえるお念仏は、あなたにとってとなえずにはいられない聖なる言葉となっています。

阿弥陀仏。極楽浄土。念仏往生。これらがあなたにとってかけがえのない心のよりどころ、いのちの行き先、聖なる言葉であることを、亡き方々、先に極楽に往生した人々を想うことから教わることができるのです。だからこそ亡き人を極楽浄土に見送る儀式「葬儀」や、極楽の菩薩として私たちを見守っている亡き方や阿弥陀仏を供養し私たちの誠の心を伝える日々の「回向《えこう》」が大切になるのです。

阿弥陀仏。極楽浄土。念仏往生。私たちにとって、そこにはもはや科学的な証明、疑念を差し挟む必要はありません。迷いの世界に沈んでいる私たちが御仏や御仏の世界についてとやかく言う必要もありません。

自分が阿弥陀仏や極楽に往生した亡き方々に見守られているという思いを抱き、日々の生活すべてが極楽へと歩みを進める仏道となるよう心得る。それが私たちの浄土宗における心の持ちよう「安心《あんじん》」にほかなりません。そして、いのち尽きるその日まで阿弥陀仏の本願のまま、ひたすらお念仏をとなえ続けるのが浄土宗の修行「起行《きぎょう》」です。

法然上人の御遺言ともいえる教え『一枚起請文《いちまいきしょうもん》』に次のようなお言葉が残されています。

智者のふるまいをせずして、ただ一向に念仏すべし。

浄土宗の教えはこの一言に集約されています。

コラム③

つい誰かに教えたくなる!
日常の中の仏教語—❶

ちしき【知識】

ふだんよく使う「知識」という言葉、実はこれ、仏教語なんですよ。「友人」や「知人」などを意味し、お経には、「自分をさとりへ導いてくれる徳の高い師」の意味で「善知識」の用法がよく見られます。

新しい知識を得ると、つい誰かに教えたくなるもの。これみよがしにひけらかすのではなく、「善知識」としてさりげなく教えてあげてくださいね。

ぜんざい【善哉】

お餅のお料理の代表格といえる「善哉」。関西ではつぶし餡《あん》の汁粉《しるこ》、関東では餅に濃い餡をかけたもの、といった具合に地域によって違いが見られるようです。

「善哉」とはもともと、「ほめたたえる」ことを意味するサンスクリット語（古代インドの言語）「サードゥ」を漢訳したもので、「よきかな」とも読みます。お経の中では「すばらしい」「そのとおりだ」などの意味で、お釈迦さまが弟子の述べたことを認めてほめる場面によく出てきます。

一説によると、料理としての「善哉」の名前は、とんちで有名な“一休さん”（一休禅師＝1394-1481）が、お餅の入ったあずき汁を初めて食べたとき、あまりの美味しさに思わず「善哉此汁《よきかなこのしる》！」と叫んだことに由来するとか。

第2章

知っておきたい浄土宗あれこれ

「最近ご縁があって浄土宗のお寺にお世話になることになりました」という方にも、「うちは長年、浄土宗のお寺の檀家です」という方にも、お寺との付き合い方や、法要・葬儀などご供養にかかわること、またお仏壇の祀り方、作法やマナーなど、「よくわからなくて……」と思っていることがあるかもしれません。

この章では、よく編集部に寄せられる質問などを取り上げ、まとめてみました。コラムやイラストなども参考に読み進んでみてください。

なお実際には、さまざまな面に、地域・地方による慣習の違いがあるようです。わからないことは、菩提寺のご住職にお尋ねください。

①お寺と檀信徒

◉寺院のおこり

仏教がインドで、お釈迦さまによってはじまったことは第1章でふれたとおりです。お釈迦さまのご生涯とその教えについては後に詳しく記しますが（第6章）、そのお釈迦さまが弟子たちとともに起居していた建物（＝精舎《しょうじゃ》）がお寺のルーツといわれています。

当初、お釈迦さまと弟子は、各地に旅をして教えを伝える生活（遊行《ゆぎょう》）をしていましたが、だんだんと定住のスタイルに変化するようになり、共同生活の場が必要になってきました。当時の出家者は、修行に最低限必要なもの以外の所持は認められていなかったため、お釈迦さまに深い信心を寄せる人たちが精舎を寄進したといいます。『平家物語』冒頭に登場する「祇園《ぎおん》精舎」はその一つ。これは、お釈迦さまが数多くの説法をされた地である古代インドのコーサラ国の都シュラーヴァスティ（舎衛城《しゃえじょう》）にあったもので、地元の長者であったスダッタという人が寄進したといいます。

お釈迦さまが亡くなり、時代が下ると、お釈迦さまの像を作り、祀《まつ》って、弟子や信者が修行する場となり、仏教がインドから中国、チベット、朝鮮、日本、あるいはタイやスリランカなど各地に伝えられると、それぞれの地域の気候や文化に応じた形の寺院が整えられるようになります。

六世紀半ば、日本に仏教が伝わった当初は、仏教擁護派（伝来時は、〝外国の神〟を尊ぶと日本古来の神々の怒りにふれるから受け容れられないとする反対派と、そんなことはないとする崇仏派に分かれ、対立が起こりました）であった蘇我稲目《そがのいなめ》が、奈良・向原《むくはら》の地にあった私宅に仏像を祀ったのが日本における寺院の最初とされています。その後、蘇我馬子《うまこ》が現在の奈良県明日香村に法興寺（飛鳥寺）を建てましたが、これは諸伽藍《がらん》が整った本格的な寺院の第一号だったといわれています。

その後、政策によって国分寺《こくぶんじ》や国分尼寺《こくぶんにじ》といった官寺（国の政策にもとづいて建立された寺）が各地に建てられ、仏教が弘まるにつれ、多くの寺院が造られていくことになります。

◉菩提寺（檀那寺）

ひとくちに寺院と言っても、歴史的にひもといていけば建立された経緯はさまざまであることがわかります。国家安穏を祈願するために建てられた寺院もあれば、ある特定の人の供養のために有力な権力者が建てた寺院もあります。もちろん、お念仏にいそしむための道場として建てられたお寺もあります。

みなさんは、ご先祖のお墓があって、常々お世話になっているお寺を、「○○寺（院）」と正式な名前で呼ぶほかに、「うちの菩提寺《ぼだいじ》」と呼ぶことがあるのではないでしょうか。「菩提寺」の「菩提」とは「さとり」「めざめ」を意味する言葉。つまり菩提寺とは、亡くなった家族や親類一族などが、後の世で一切の苦しみから解き放たれ、仏さまのお導きによってさとりを開くことができるように、仏さまのお護りをいただいて安穏な後生でありますように、といった願いの意味が込められたお寺、ということです。ですから、建立のもともとの由縁がどのようなことであれ、先祖の御霊《みたま》を弔う役割を担っているお寺であれば、お世話になっている側からすれば「菩提寺」ということになります。

その菩提寺のことを、「檀那寺《だんなでら》」という呼び方をすることもあります。「檀那」とは、仏教発祥の地、古代インドの言葉「ダーナ」の発音を漢字に当てはめたもの（仏教がインドから中国に伝わった際、発音がそのまま漢字表記された言葉が多数あります。これを音写語といいます）で、元来は「布施《ふせ》（布施行）」の意味。布施とは、他者に対して物質的、金銭的、精神的、さまざまなかたちで施しをすることです。仏道では、実践としてのさまざまな「行《ぎょう》」が説かれますが、日本に伝わった大乗仏教では、あらゆる修行の第一番目として掲げられているほど、「布施行」は重んじられています。

その「布施」を意味する「檀那」が「布施や寄進をする人」の意味に派生し、「そうした方々のお布施によって支えられているお寺」の意味に転じて「檀那寺」ともいうのです。ここで注意したいのは、布施は一方通行ではない、ということです。寺院（僧侶）側は法（教え）を説いたり、先祖供養の法要を勤めたりする行為（これらを法施《ほうせ》といいます）を、信者側はお寺（僧侶）の経済的基盤をサポートする物的・経済的行為（これを財施《ざいせ》といいます）を、それぞれ行っている、つまり寺院側と信者側が、大きな功徳《くどく》となる布施行を互いに実践し合っている、という構図になっているのです。

◉檀家・信徒・檀信徒

「檀那」に似た言葉に「檀家」があります。一般的には、むしろこちらのほうに馴染みがあるかもしれません。お寺に対し「檀那《ダーナ》」（布施）をしてくださる〝家〟のこと、と理解していただけばいいでしょう。

自分が今あるのは、先祖から受け継がれてきた〝いのち〟やさまざまな恩恵の結果であると受け止め、その恩に報い、一族の幸せと繁栄を期して毎日を営んでいく――。古来、その前提として重んじられてきたのが〝家〟というきずなでした。血縁をもととして強いきずなで結ばれた人たちが、共通の思いで先祖を尊び、供養の誠を捧げる――ここに、お檀家という言葉に込められた大切な意味があります。

「信徒」という言葉もあります。これは一般的に、浄土宗の教えを信じ、浄土宗の寺院（菩提寺・檀那寺）に所属されている方を指します。その点においては「檀家」と変わりないのですが、信徒の中でも継続的に先祖供養などの仏事を営み、また、菩提寺の法灯を守るために住職をサポートし、護持する（会費や付け届け等の納入、行事運営など）方々を、とくにお檀家と呼んでいます。ただし寺院によっては、菩提寺が管理するお墓を所有しているかどうか、あるいは〝家〟単位でみる（檀家）か個人単位でみるか（信徒）など、必ずしも両者の定義は一定ではないようです。また反対に、何ら区別をしていないケースもあります。この二つの言葉を合わせて「檀信徒」という言い方もします（以後、本書ではこの言葉を用います）。

いずれにしても、「仏さまへの信仰と先祖への崇敬」が双方の言葉の核であることにおいては、同一ということができます。

◉総代・世話人・檀信徒会

これまで記したことから、寺院は、住職（とその家族、あるいは職員など）のみで護持されるものではなく、また護持できるものではない、ということをご理解いただけるのではないかと思います。檀信徒各家の信仰のともしびを絶やさず、ご先祖の御霊を永年にわたってご供養し、お守りしていくには、どうしても檀信徒の方々のさまざまな支えがあってこそ可能となります。あなたの菩提寺が、創建以来長い長い星霜を経た今も存続し、あなたが仏さまの教えにふれ、お墓参りをしたり、各種法要に参列して亡き方に思いを届けたりすることができているのは、その支えのリレーが続いてきたからにほかなりません。

その「さまざまな支え」として、いろいろな活動やお手伝いをしてくださる方が、檀信徒の中にどうしても必要になってきます。それが、「総代」と呼ばれる方、いわば檀信徒の中から選ばれる代表者です。その役割は檀信徒の中心となって檀信徒をまとめ、お寺の運営、護持の広範においてサポートしてくださることです。一般的に、総代は一か寺に数名いらっしゃいます。

また、総代とは別に、「世話人」の役を置く寺院、さらに、総代・世話人を中心とする檀信徒会を組織している寺院もあります。

寺院ではいろいろな行事が行われます。お施餓鬼《せがき》、お十夜《じゅうや》といった毎年定期的に行われる行事はもちろん、落慶式《らっけいしき》（建物を新・改築した際に行うお祝いの行事）や晋山式《しんざんしき》（新任の住職があらたにそのお寺に入った際、あるいは新住職に就任した際に行う祝賀式典）など多岐にわたりますが、世話人はそうした種々の行事の企画から運営、檀信徒への連絡、当日のお手伝いなど、お寺の運営を支えるとても大事な仕事を受け持ってくださる方です。

一般の檀信徒の方々の目にはなかなか映りにくいかもしれませんが、実は、寺院の代表である住職を中心に、檀信徒の代表である総代、そして世話人がたが日頃から一丸となって種々の寺務にたずさわってくださっています。総代や世話人は、寺院のことに詳しく、寺族とも顔なじみというように、寺院を中心とした一つの輪を支える縁の下の力持ちと言ってよいでしょう。

このように寺院は、経済的・精神的・物理的に檀信徒のみなさんによって支えられているのです。みなさんひとりひとりが、あるいは一軒一軒が、総代さんや世話人さんと同じ思いをお持ちいただき、菩提寺の明日をお考えくださる――そうすればきっと、ますます素敵で親近感の持てる〝あなたの菩提寺〟になっていくにちがいありません。どうか、ご協力をお願いいたします。

②毎日を仏さまと(1)──お仏壇の祀り方

◉羅針盤は仏さまの教えに

文明、科学が発達し、あらゆる面で便利・快適になった現代。しかし、私たち人間の心のありさまはどうでしょうか。むしろ反比例するかのように悩みや苦しみは増えているかもしれません。そうした、荒波逆巻くような現代に生きる私たちにとって、仏という存在に心を寄せ、その心で静かに自己を見つめることの重要性がますます高まっていると言えるでしょう。自己を見失わないための羅針盤は、仏さまの教えに求めることができます。とはいえ、信を深め、先立った方々への供養の気持ちを変わらずに持ち続けるのは、実は思いのほか大変なことです。生まれ持っている煩悩がそれを阻《はば》んでいるのです。その煩悩を上手にコントロールするためにも(これが仏教の大きな目的の一つです)、祈りの時・場、供養する機会は、私たち自身から積極的に求めていくべきものでもあります。

お寺、お墓、お仏壇などは、そうした意味を担ったものとしてあるのです。厳かで柔和な表情のご本尊《ほんぞん》、あるいはお墓の前にひざまずき掌《てのひら》を合わせる時、気持ちが自然と落ち着き、心が穏やかになっていくのを実感することができるはずです。

◉仏壇とは?

「毎日を仏さまと」歩んでいただく上で、中心となるのが家庭のお仏壇です。あなたのお宅にお仏壇はありますか。段状の構造、その上段中央に仏像(仏画)が安置され、彫刻がほどこされた欄間《らんま》やきらびやかな荘厳《しょうごん》、お花やろうそく、そして香炉《こうろ》なども置かれているはずです。

お仏壇とは、寺院の本堂を模した、いわばお寺のミニチュア版といえるもの。そしてその本堂は、経典に説かれる西方極楽浄土の様相《すがた》を具現化したものです。

ひとくちにお仏壇といっても、大きさから形、色や素材、そして価格にいたるまで実にさまざまです。最近は洋間用のものも普及し、選択肢が広がっています。安置する場所のスペース(寸法)を確認して、まずは適切な大きさを優先して考えましょう。なお、「浄土宗はこのお仏壇・仏具」という厳密な決まりはありませんが、宗派によっては専用のお仏壇がありますので、そうしたものは選ばないようご注意ください。

◉本尊

お仏壇の〝主役〟は信仰の対象とする仏さまで、ご本尊とお呼びします。浄土宗のご本尊は阿弥陀仏（阿弥陀さま）です。お祀りしていない場合は、ぜひお迎えください。

阿弥陀仏のお姿には彫刻と仏画があり、そのいずれにも、座ったお姿（坐像）のものと立ったお姿（立像）のものとがあります。坐像は極楽浄土で私たちをお待ちになっているお姿を、立像はお浄土から私たちをお救いに来てくださるお姿を象《かたど》っています。浄土宗では立像をお祀りするのを基本としますが、坐像でもけっこうです（現在、坐像のご本尊をお祀りの方は買い換える必要はありません）。材質や大きさもさまざまですから、求める際にはお仏壇の大きさを考慮して選びましょう。

阿弥陀さまを中心に、向かって左に法然上人、右に善導大師《ぜんどうだいし》（中国・唐時代にお念仏の教えを弘めた高僧。法然上人が師と仰いだ方）もお祀りしましょう。なお、阿弥陀さまは観音菩《かんのんぼ》薩《さつ》・勢至菩薩《せいしぼさつ》をしたがえていると説かれていますから（これを「阿弥陀三尊《あみださんぞん》」といいます）、スペースに余裕があれば、阿弥陀さまに向かって右に観音菩薩を、左に勢至菩薩をお祀りできればなお結構です。

◉位牌と過去帳

位牌とは、故人の御霊が宿るものとして拝礼の対象にする、台座の付いた木の板に「法名《ほうみょう》」（いわゆる「戒名《かいみょう》」）。以下「法名」と記します）を記したものです。発祥については、中国の儒教に求められ日本には鎌倉時代に伝えられたとする説、あるいは日本で魂祭りに用いられていた神や霊の依代《よりしろ》とする説などがあります。これもお仏壇同様、大きさや形、装飾にいたるまで種類が豊富ですが、代表的なものを挙げてみます。

［**白木位牌**《しらき》］通夜・葬儀の際に用いられます。地方にもよりますが、白木位牌は二基作り、一基は納骨時に一緒に埋葬し（野位牌《の》）、もう一基は自宅の中陰壇《ちゅういんだん》（四十九日までしつらえておく特別な祭壇）に祀って、四十九日以後は黒の漆塗りや金箔塗り、あるいは黒檀《こくたん》や紫檀《したん》といった堅い材質の板位牌に作り替えます。これらのお位牌は、いずれも変質や退色がしにくく、「阿弥陀さまの浄土に往生したなら、ご先祖といつまでも安らかであってほしい」との願いが込められたものということができるでしょう。白木位牌は菩提寺に納め、通常は、お焚《た》き上げ（ご供養して焼却すること）していただき、お仏壇にお祀りすることはありません。

［**板位牌**］蓮の花を象った蓮台《れんだい》の上に板が乗せられた形の、もっとも一般的なお位牌です。通

法然上人　勢至菩薩　阿弥陀仏　観音菩薩　善導大師

常は一基のお位牌にひとりの法名を記しますが、夫婦ふたりの法名を記すこともあり、これを夫婦《めおと》位牌などと呼んでいます。この場合には向かって右側に夫（男性）、左に妻（女性）の法名を記します。また、個人のものとは別に先祖代々のものを作ってお祀りするのが理想です。

［**繰り出し位牌**］繰り位牌ともいいます。厨子《ずし》の形状で、その中に法名を記した板札を複数枚重ねて入れられるようになっています。ご先祖が多い場合にこのお位牌を用いることがあり、通常は「○○家先祖代々」と記した板札が一番手前になるようにし、その奥に個々の御霊の板札を入れます。お命日にその方の法名が記された板札を一番手前にして、拝することができるよ

過去帳

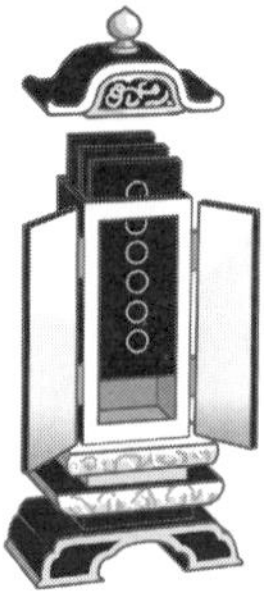

繰り出し位牌

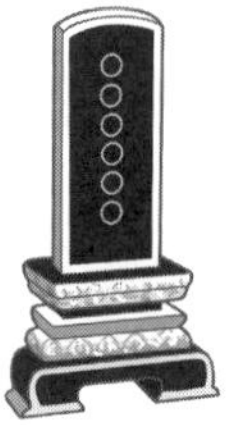

板位牌

うにします。

位牌の並べ方は、お仏壇の上から二段目（小型のお仏壇の場合には一段目でも）に、古い故人のものから向かって右の内側、左の内側、右の外側、左の外側……、の順が基本です。地方によっては、寺院に位牌堂を備えていることがあり、この場合には二基作って、一基は位牌堂にお祀りすることになります。

〔**過去帳**〕故人の法名、俗名、命日、行年（亡くなった歳）などを書きとめておく、お経本のような作りをしたものです。ご先祖が多いためにお位牌をお祀りしきれない場合、あるいは三十三回忌、五十回忌などを節目に、ご先祖個々の法名簿はこの過去帳に書き移し、個々のお位牌は先祖代々のお位牌に集約するなどします。

◉そのほかの備品

お香やお線香をたく香炉、ろうそくを立てる燭台《しょくだい》、花を生ける花瓶はぜひご用意ください。お香は身を清らかにし心を静かに落ち着かせるため、ろうそくの火は仏さまの智慧《ちえ》の光、美しい花は供養のまごころを表す意味があります。それぞれを一つずつ揃える場合を三具足《みつぐそく》、燭台と花瓶を各一対で揃える場合を五具足《ごぐそく》といい、いずれにするかはお仏壇のスペースと相談してお決めください。香炉を中央に、その向かって右に燭台を、左に花瓶を置きます（三具足の場合）。五具足の場合には、香炉の左右に燭台を、その外側に花瓶を置きます。

また、ご飯や茶湯《さとう》を供える仏飯器《ぶっぱんき》・茶湯器、線香立て、供物を載せる高坏《たかつき》、鈴《りん》、マッチ消し、お経本なども揃えましょう。常花《じょうか》、灯籠《とうろう》、打敷《うちしき》、天蓋《てんがい》などを安置するとお仏壇がより荘厳になります。お仏壇手前に置く経机《きょうづくえ》、木魚などは、適宜ご検討ください。

お供物は、生菓子（饅頭など）・干菓子《ひがし》（落雁《らくがん》など）・水菓子（果物など）が主ですが、向かって右にお菓子、左に果物を供えます。また、季節の初物や到来物は、まずお仏壇にお供えしてからいただくようにしましょう。

◉仏壇の位置と向き

基本は、「仏さま、ご先祖さまに失礼にならない場所・置き方」に留意することです。次を参考にしてみてください。

・いつも家族が集う居間などに。
・心静かに「おつとめ」（勤行《ごんぎょう》、読経《どきょう》）のできる、奥まった部屋などに。
・拝むときに西（極楽浄土のある方角）を向くように、つまりご本尊が東を向く場所に。
・神棚のすぐ下や、神棚と向かい合わせにならない場所に。
・階段や、物を置く棚などが上方にない場所に。
・直射日光が当たらない場所に。

間取りによってはなかなか理想通りにはいかないかもしれませんが、右に挙げた項目が一つでも多く当てはまる置き方が理想です。なお、西（東向き）に安置できない際でも、「お仏壇のある方角が、阿弥陀さまやご先祖のいらっしゃる西方極楽浄土の方角」の思いでお参りすることが大切です。

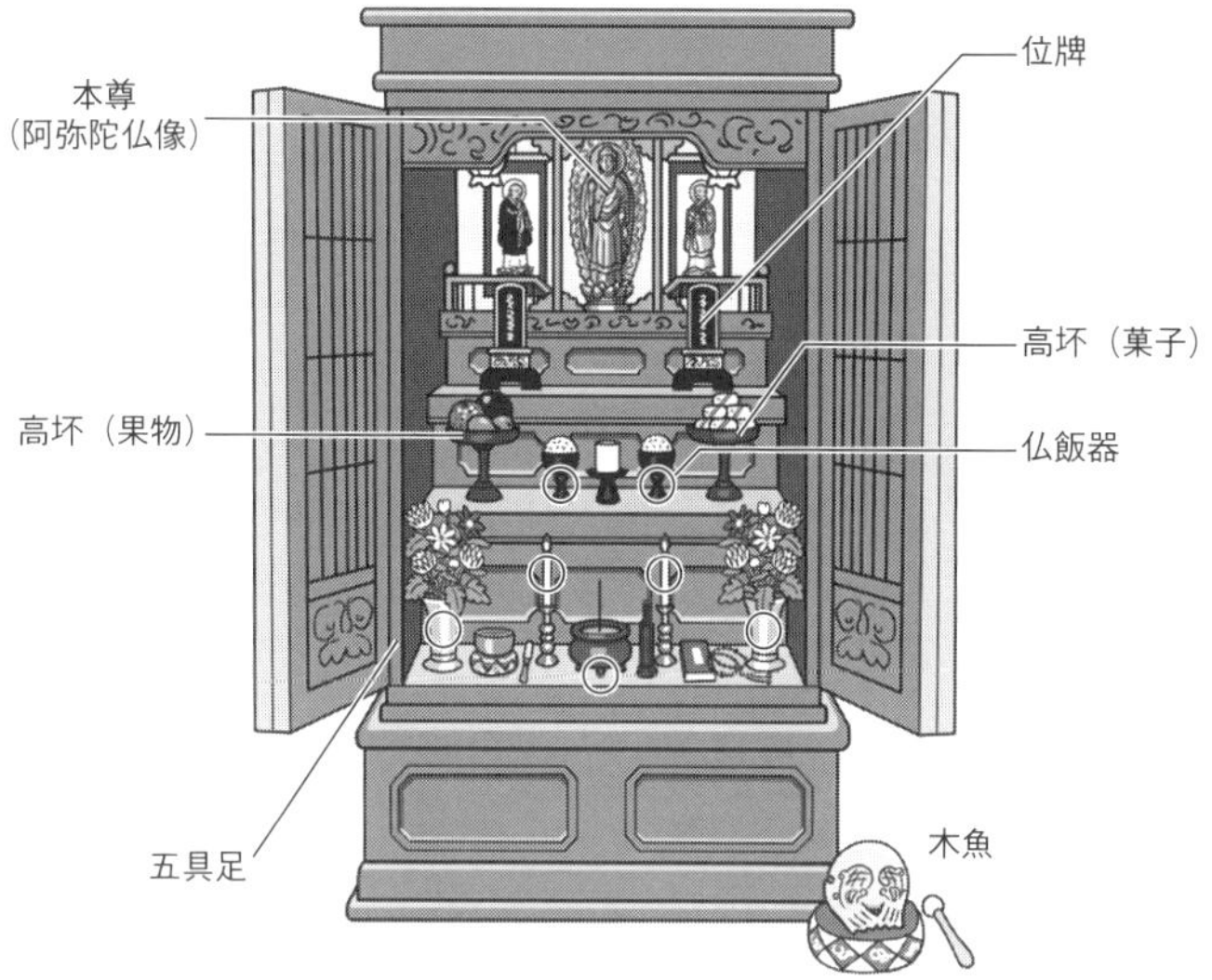

仏壇の祀り方の例 ❶

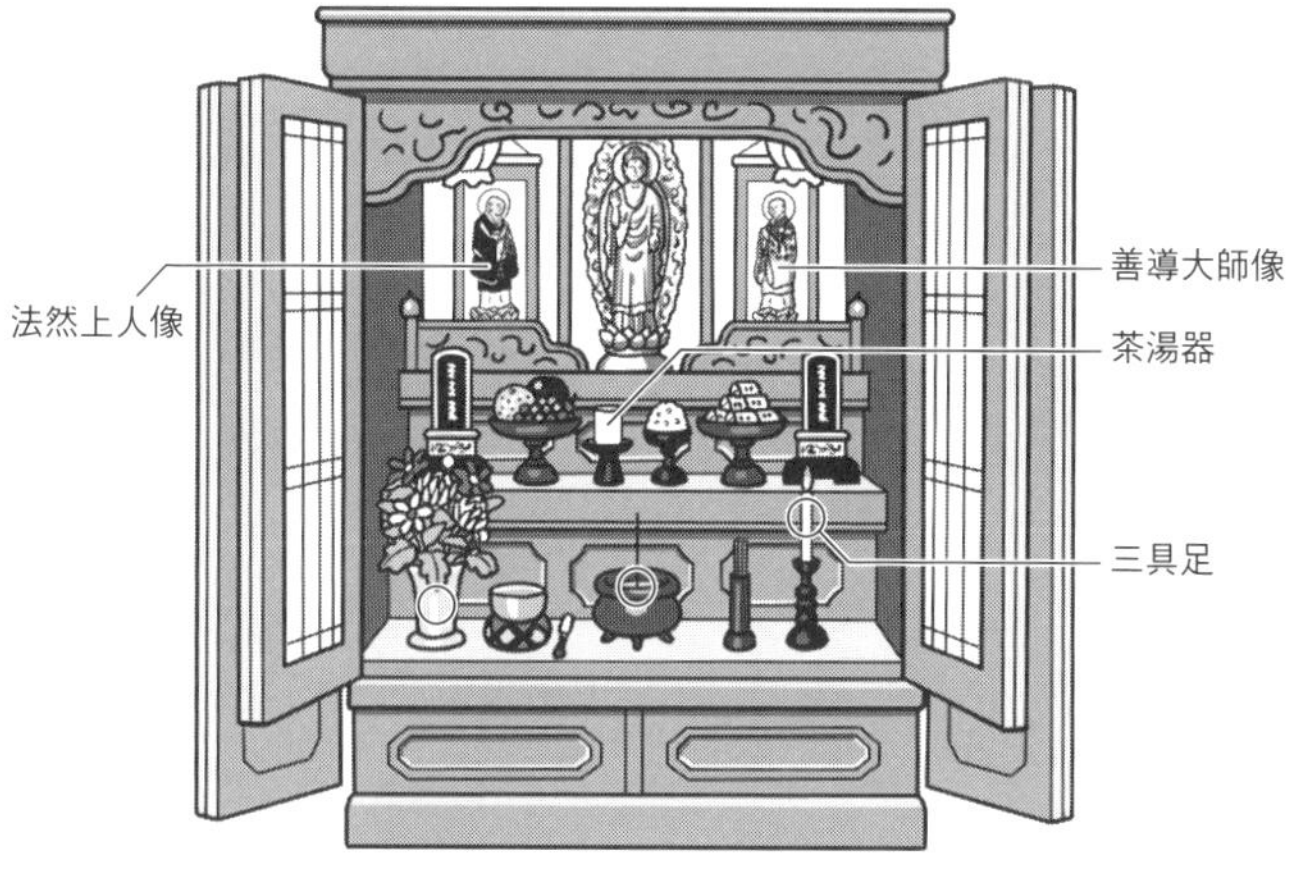

仏壇の祀り方の例 ❷

◉特別な日には御霊膳を

毎朝、仏飯器にご飯とお水、お茶をおあげするのが、日々のお給仕の基本ですが、特別な日、たとえば月《つき》命日や祥月《しょうつき》命日（毎年の命日）、春・秋のお彼岸、お盆などには、別に御霊膳《おれいぜん》を用意しておもてなしをしたいものです。飯椀《めしわん》には白飯やかやくご飯などを、汁椀にはお吸い物やお味噌汁を、平椀《ひらわん》（平）には野菜の煮物、壺椀《つぼわん》（壺）には煮豆やゴマ和《あ》え、おひたしなどを、そして中央の高坏《たかつき》には香の物を。食材は出汁《だし》を含めてすべて精進《しょうじん》ものが原則です。

◉開眼式と撥遣式

お仏壇やお仏像、お位牌などの新調や買い替えをお考えの場合には、事前に菩提寺にご相談することをお勧めします。

購入後は、み仏をお招きする法要「開眼式《かいげんしき》」（「おたましい入れ」「お性魂《しょうこん》入れ」などともいいます）を菩提寺にお願いします。これを勧めることによってはじめて、お仏壇やお位牌に仏さまや故人のお心が宿り、聖なるもの、礼拝の対象となるのです。

反対に古いお仏像やお位牌は、一度お招きしたみ仏にお帰りいただく法要「撥遣式《はっけんしき》」（「おたましい抜き」「お性魂抜き」などともいいます）を勤めていただいてから処分します。一般的には菩提寺にお焚き上げを依頼しますが、仏具店で請け負っていることもあるようです。

◉注意したいこと

さて、あなたのお家のお仏壇をあらためてよくご覧ください。花は枯れたまま、供物にはカビが生え、仏具はほこりだらけ、仏飯器や茶湯器はあるけれど、ご飯もお茶もおあげしていない、他宗の祖師像画が祀られていたり、古いお札やお守り、菩提寺からいただいた冊子や手紙類が多数押しこめられていたり……、といったことはありませんか。お祀りしている仏さま、ご先祖のお気持ちになったつもりで、喜んでいただけるように心がけることが大切です。

清掃の際には、お仏像、お位牌はもちろん、仏具は壊れやすいのですべて丁重に扱い、仏壇・仏具用の布で拭くのを基本に、汚れがひどい場合には、家庭用品用の洗剤を溶かしたぬるま湯を柔らかい布や脱脂綿に浸して拭きとり、さらにカラ拭きをするとよいでしょう。

コラム④

つい誰かに教えたくなる!
日常の中の仏教語—❷

うちょうてん【有頂天】

やることなすこと何でも上手くいっているときは、誰もが「有頂天」になって気が緩んでしまいがち。

この「有頂天」、「数ある天《てん》の世界の中で最高の天」を意味します。仏教の世界観では、地獄《じごく》・餓鬼《がき》・畜生《ちくしょう》・修《しゅ》羅《ら》・人《にん》・天の六つの迷いの世界（六道《ろくどう》）があり、私たちはそのいずれかに生まれては死ぬことを繰り返している（輪廻《りんね》）とされます。天は六道のうちで一番上位ですが、有頂天はその中でも最も高い境涯ですから、六道の真の頂点といえます。ふだん使われている意味は、その「有頂天」に到達して喜びの絶頂にいることに由来します。

現在の「生」を終えた後、次にどの世界に生まれるかは、今の人生における行いで決まるといわれています。たとえ「有頂天」に生まれたとしても、そこも輪廻世界の一つであることに変わりはありません。つまり、有頂天での寿命が尽きれば、次には地獄に生まれてしまうかもしれません。どんなに幸せでも、思わぬ落とし穴があるものです。しばしそれに浸るのもいいですが、自重が大切、ということですね。

仏教の目的は六道輪廻から抜け出すこと。これを解脱《げだつ》と呼んでいます。天界といえども苦しみの世界ですから、お念仏をとなえ、あらゆる苦しみから解き放たれた阿弥陀さまの極楽浄土へと救っていただくのが、法然上人の教えなのです。

3 毎日を仏さまと(2)――こころをこめてお参りを

◉基本は合掌・十念・礼拝

阿弥陀さまやご先祖に対する崇敬の思いを表すにはさまざまな方法がありますが、合掌《がっしょう》、お十念《じゅうねん》（「南無阿弥陀仏」とお念仏を十遍となえること）、頭《こうべ》を垂れる礼拝《らいはい》（仏教では「れいはい」とは読みません）が基本です。お仏壇でもお墓でも、また菩提寺はじめ寺院に参拝した際にも同様です。

合掌とは字のとおり掌《たなごころ》を合わせること。もともとは仏教の興ったインドで、相手に最大の敬いの気持ちを伝える作法として行われていたもので、今でも「ナマス・テー」と声に出しながら合掌をしておつむを下げる挨拶が交わされています（「ナマス」は「尊敬」を、「テー」は「あなたに」の意味）。昔、この言葉が中国に伝わった際、「ナマ（ナム）」に漢字「南無」を当て、その下に仏さまや菩薩の名前を付して「帰依《きえ》」を表す言葉としたものの一つが、浄土宗でとなえるお念仏「南無阿弥陀仏」です。「南無釈迦牟尼仏《しゃかむにぶつ》」や「南無観世音菩薩《かんぜおんぼさつ》」などととなえる宗派もあります。お十念は、合掌をしたまま次のようにとなえ、最後十遍目で同時に礼拝します。

なむあみだぶ　　なむあみだぶ　　なむあみだぶ　　なむあみだぶ
なむあみだぶ　　なむあみだぶ　　なむあみだぶ　　なむあみだぶ（ここでひと区切り）
なむあみだぶつ　なーむあみだぶ（九遍目のみ「つ」まで発音）
（※息が続かない場合には、四遍目でもひと区切りしてよいとされます）

合掌には、指の組み方や手の合わせ方など種類がありますが、浄土宗では、指を閉じぴったりと合わせ、胸の前で四十五度ほど倒すかたち（堅実心合掌《けんじつしんがっしょう》）が基本です。これは右手を阿弥陀さまに、左手を自分になぞらえ、いたらないわが身が阿弥陀さまによって救い導かれることの願いを表すともいわれています。お数珠《じゅず》を持つ時には人さし指と親指の間に挟みます。浄土宗では、手をこすり合わせたり、片手だけで行ったりすることはありません。

礼拝にも幾通りかありますが、合掌したまま頭を下げるのが基本です。このとき、首を曲げて頭だけを下げるのではなく、首はまっすぐに保って上半身全体を腰から四十五度ほど傾ける

焼香

合掌

のが正しく美しいかたちです。

◉焼香・線香

かぐわしいお香の匂いは、不思議と私たちの心を落ち着かせ、おだやかにしてくれるものです。もともとインドで、悪臭を取り除くために用いられたのを起源とし、それが心身を清らかにし、仏さまに供養するための作法として取り入れられたとされています。「香は仏の使者」ともいわれ、仏さま、ご先祖に対する私たちの思いをお香の煙に託して届けるという意味もあります。

お焼香は、まず合掌し、浅く礼《らい》をしてから右手の親指と人さし指、中指の三本でお香をつまみ、そのまま手を仰向《あおむ》け、その下方に左手の掌を添えます。そしてつまんだ指が額につくくらいまで恭《うやうや》しく押しいただき、おもむろに香炉の炭の上にくべ、ふたたび合掌し、お十念をとなえて礼拝します。

お焼香の回数は厳密に決まっているものではなく、たとえば一回であれば、一心に仏さまや故人へ自分のまごころを伝える、三回であれば仏《ぶっ》・法《ぽう》・僧《そう》の三宝《さんぼう》（一〇七ページ参照）に供養する、また、貪《とん》（むさぼり）・瞋《じん》（いかり）・痴《ち》（おろかさ）という三つの煩悩（三毒《さんどく》）を焼き払って清浄《しょうじょう》にする、などの意味が込められているとされます。お線香の本数もこれに準じます。多くの方が参列している法要・葬儀などでは、一回（一本）とするのがマナーです。

お仏壇でお参りする際には、鈴《りん》を打ち鳴らすのが一般的です。これからご本尊さまやご先祖に対し、供養の思いを伝え拝みます、との思いを込めて鳴らしましょう。鈴の音は自分の気持ちを落ち着かせ、帰依の思いを深めさせてくれる作用もあるといえますから、強く、大きく鳴り響かせるものではありません。回数は、通常一回から三回程度、お焼香の回数の意味と同様に考えれば結構です。

◉数珠と袈裟

お参りの際にぜひ身につけたいものに、お数珠とお袈裟《けさ》があります。

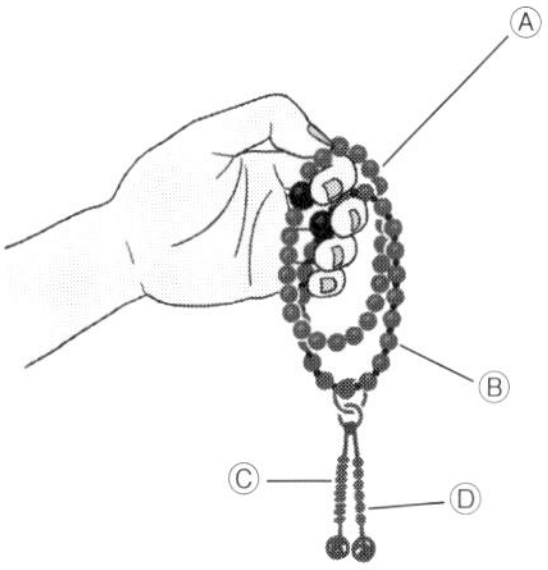

数珠の繰り方

輪袈裟

［数珠］数珠はその字が表す通り、となえたお念仏の数をかぞえるための仏具で、念珠《ねんじゅ》ともいいます。材質や形状などさまざまで、とくにかたちには宗派によって違いがあります。浄土宗で一般に用いるのは、紐を通した珠《たま》の輪を二連組み合わせたもので、他宗には見られない独特のものです。

通常は二連とも一緒に左手の手首に掛け、合掌の際には人差し指と親指の間に二連とも親珠《おやだま》（大きな珠）の部分を挟んで、そのまま礼拝します。また、右手で木魚を打ちながらお念仏をとなえる際には、数珠を持った左手を左ひざの上に自然に置き、図のように親指と人さし指で一方の輪（珠が全て同じ大きさの輪Ⓐ）を挟み、人さし指と中指でもう一方の輪（大きい珠と小さい珠が組み合わされた輪Ⓑ）を挟みます。お念仏を一回となえるごとに親指でⒶの珠を一つ、手前に繰っていき、一周したらⒷの珠を人差し指と中指で手前に一つ動かします。これを繰り返して二連すべての珠を繰り終えたら、十個の平らな珠がついた房（Ⓒ）の珠を一つ上げ、以上の所作をすべて終えたら六個の丸い珠がついた房（Ⓓ）の珠を一つ上にあげ……と数を取っていきます。

数珠を、合掌した手のひらの間に挟んでジャラジャラと擦り合わせる作法は浄土宗にはありませんのでご注意ください。

［袈裟］ 僧侶が身に着けている衣裳がお袈裟《けさ》です。仏教の教えを信じ、実践する人たちの服装、いわば仏教徒の証ともいえます。正確には、僧侶が、着物のようなかたちをした「衣《ころも》」の上に着けているのがお袈裟で、お釈迦さまやそのお弟子が着けたのがはじまりです。暑いインドで生まれた袈裟は、仏教が中国から朝鮮半島を経由して日本に伝わる間に、それぞれの国や地域の気候や文化に応じて、素材や形状が変化してきました。

これにもさまざまな種類がありますが、檀信徒の皆さんには首に掛ける輪袈裟《わげさ》と呼ばれるものが一般的です。仏具店では取り扱っていないこともありますので、菩提寺のご住職にご相談ください。

お袈裟を身に着けることで、仏教を信じる者としての自覚が深まり、自ずとおごらない、謙虚な気持ちにもなるのは、まさに仏さまの功徳《くどく》でしょう。お墓参りや法要、葬儀（もちろん、他宗の方の場合を含みます）などには、ぜひともお数珠とお袈裟を併せて持参しましょう。

◉お墓参り

故人の命日や春・秋のお彼岸、お盆などにはぜひお墓参りに行きましょう。お墓が菩提寺にある場合は、まずご住職（寺族）にご挨拶をし、本堂のご本尊さまにお参りをします。

お墓参りには、お数珠・お袈裟、お線香・お花（地方によっては樒《しきみ》をあげることもあります）、マッチ（ライター）などのほか、手桶と柄杓《ひしゃく》、さらに雑巾《ぞうきん》、きれいなタオル、ほうき、タワシ、ゴミ袋などの清掃具も忘れずに。墓地の汚れにつながることから、お供物は禁止されている墓地も増えています。到着したら、まず合掌・礼拝、そしてお十念をとなえてから清掃をします。きれいになったらお花、お線香をあげ、墓石に水をかけ、あらためて合掌しお十念をとなえ、あなたの思いを故人にお届けください。

◉食作法《じきさほう》

食事は私たちが生命を保つために不可欠なもの。仏教では、私たちの生命は、多くの人々やさまざまな物、天地自然の恩恵によって保たれていると、「縁起《えんぎ》」の教えにしたがって捉えます。食事はまさに、この恩恵が集約されたものです。目に見える、あるいは見えない、ありとあらゆる支えがあり、他の生命《いのち》が私たちの口にする食物という形に姿を変えているのです。そのことに感謝を示し、他の生命に報いる生き方をすること――これが仏教の指し示す生き方といえます。

食前、食後には食作法をして、その気持ちを表してください。外食の際でも、せめて手を合わせ、小声での「いただきます」「ごちそうさまでした」を忘れずにしたいものです。

【例1】

（食前のことば）

われここに食をうく
つつしみて、天地の恵みと
人々の労《ろう》を謝《しゃ》し奉る。
（十念）　いただきます。

（食後のことば）

われ食を終わりて、心豊かに力《ちから》身《み》に満《み》つ。
おのがつとめにいそしみ、
誓って、御恩にむくい奉らん。
（十念）　ごちそうさまでした。

【例2】

（食前のことば）

ほんとうに生きんがために、
今、この食をいただきます。
あたえられたる天地の恵みを
感謝いたします。
（十念）　いただきます。

（食後のことば）

（十念）　ごちそうさまでした。

＊「十念」は「南無阿弥陀仏」と十遍お念仏をとなえることです（九〇ページ参照）。

コラム⑤

つい誰かに教えたくなる!

日常の中の仏教語―❸

たいくつ【退屈】

「やる気がしない、やることがない」などの意味で使われる「退屈」、本来は「仏道修行の厳しさに負けて気力が減退すること」の意味です。「気力の減退」の部分だけがクローズアップされて一般に使われるようになりました。

ちなみに、英語で「退屈する」は、「I am bored（私は退屈させられている)」と受け身で表現します。たしかに退屈を感じると、その原因を自分以外の出来事のせいにしがちな私たち。でも、仏教的にみるならば、その原因は自分の心のありようだということに行きつきます。自らの気持ちを振り返り、切り替えて臨むことが大切です。

かいはつ【開発】

人類は多くのものを開発することで豊かな生活を手に入れてきました。

仏教語「開発」は「仏となる可能性を切り開くこと」や「他人をさとらせること」の意味で、「かいほつ」と読みます。その「かいほつ」を実現するには心に巣食っている欲望をコントロールしなければなりません。

開発によって得た便利で豊かな生活はもはや捨てることはできませんが、それにとらわれてしまうのは考えもの。心の「開発（かいほつ)」をこそ、忘れないようにしたいものです。

4 こころからのお葬儀を

1 葬儀の由来と意義

◉「死」は「誰」のもの？

いつの時代でも、誰にとっても、家族や愛する人の死ほど辛く悲しいことはありません。「もっと生きていてほしかった」と考えるのはごく自然のことです。しかし、「生」と「死」を対比して、「生」のほうにあまりにも重きをおき、「肉体的な死が人生の終末」あるいは、「死は人生の敗北」などと極端に考える人さえいるようです。さらに、あらゆる面で多様化している価値観や、「集団」よりも「個」を重んじる風潮、家族構成やライフスタイル、あるいは経済動向などさまざまな影響をうけ、昨今、死者を見送る葬儀というものにも大きな変化が出ているのは、報道などでご存じでしょう。

そもそも葬儀とは？　歴史的に見ればすでに三万年もの昔、ネアンデルタール人が埋葬した死者の周りに花を供えていたことが遺跡からわかっています。日本でもおよそ四、五千年前の縄文式時代の遺跡に墓地が見つかっています。古代から平安時代になると、権力者の巨大な古墳や墓が造られるようになります。人類ははるか昔から、死者を悼《いた》む自然な感情を「かたち」にして表現し、「こころ」を伝えてきたことがわかります。それが次第にまとめられ、儀式化されるようになり、それを営むことによって、辛さや悲しみを乗り越えてきたのです。

葬儀が日本で一般化したのは江戸時代に入ってからのことといわれますが、時代がどんなに変わろうとも、そこに込められた意義——亡き人を悼み、感謝し、来世での安穏と遺された家族の生活の幸福を願う、いわば〝あの世とこの世とが結びついたこころ〟は、脈々と受け継がれているはずです。何につけ画一化が進む現代にあっても、葬儀のあり方や慣行にそれぞれの地方、地域ごとの特色が見られるのはきっと、その地方、地域に住む人々が、自分たちにできる最善の方法を考案し、それをかたちにし、伝承してきたからなのでしょう。もし、葬儀というものをたんに「死者とのお別れ会、遺体処理」といった感覚で捉えている方がいるとしたら、もう一度、考え直してください。

人は誰でも、さまざまな困難や喜びを、多くの人々との出会いと双方向の関係性の中で分かち合って積み重ねる――人生とはそのように表現することもできるでしょう。ここから導かれるのは、ある人の「死」は、決して本人だけのことでもなければ、その家族だけのものでもない、ということです。故人と関わってきた人たちにとっても、人生の一部なのです。葬儀とは、その関係のあった人たちすべてにとって、亡くなった方と、生前だけでなくこれから（死後）も関わり合って生きていくことを確信するための儀式ということがいえるのです。もちろん、これまで家族と過ごした日々や友人との交流の終わりであることは避けようもない事実です。その意味では、この世での人生ははかなく、無常であることは間違いありません。葬儀は「生者必滅《しょうじゃひつめつ》　会者定離《えしゃじょうり》」という仏教の説く真理を、残された人たちに感得させる「別離」の重要な場でもあります。葬儀は、人が生きてきた証《あかし》として、亡くなりゆく方にとっても、見送る側にとっても、なくてはならないものなのです。

◉直葬でいいのですか？

浄土宗にとってお葬儀とは、亡き人を極楽浄土にお見送りするための重要な儀式です。近年、そのあり方は多様化していますが、お葬儀を営むことなく火葬――埋葬する「直葬《ちょくそう》」と呼ばれるケースが増えてきています。家族がみな先に亡くなり、独《ひと》りで生活し、親族も近くにいない場合などには、そうせざるを得ないかもしれません。しかし、家族や親族がいらっしゃるにもかかわらず、費用や手間をかけさせたくない、煩わしい、などの理由から、直葬を選択される方もあるようです。

すでにふれたように、葬儀は亡くなった人のためにだけ行われるものではありません。送る側の人々のための儀式でもあります。亡くなった方が極楽浄土に往生された、また、極楽浄土から私たちを見守ってくださっているという確信は、葬儀をすればこそ得られるものであり、残された者の悲嘆を癒し、前向きな日々にしてくれます。葬儀になんて意味はない、そんなことをする必要はない、といったことを言われる方がありますが、これは自分自身を納得させるための言い訳で、本当は葬儀をすべきであるということには気付いているはずです。故人の歩んでこられた人生の軌跡、残された者とのご縁、いのちの不可思議さ――こうしたことに思いを致せば、葬儀不要論などは唱えられないはずです。

また、遺族や親族に迷惑をかけたくないという過度の遠慮から、ごく身内で、あるいは家族だけで葬儀を営むように遺言される方がありますが、後から訃報を耳にした知人・友人が続々と弔問に訪れ、かえって遺族は大変だった、なぜ知らせてくれなかったのかとお叱り・批判を受けた、との声も聞きます。亡くなっていくご本人はそれでよくても、ご縁のあった方々にとっての最後のお別れの機会を奪ってしまうのは、大変罪深いことともなり得るのではないでしょうか。お葬儀は生前にご縁のあったすべての人のためにあるもの――この点を忘れないようにしましょう。

なお、家族の中で最後の一人となり、お葬儀を出してくださる方がまったくいなくなってしまう場合には、菩提寺のご住職にご相談しておくことをおすすめします。

◉「こころ」と「かたち」――儀礼・作法のこと

亡き人を極楽浄土にお見送りするには、決められた儀式を行うことが大切です。お送りするという「こころ」さえあれば儀式は必要ないとお考えの方がいるかもしれませんが、それは違います。「かたち」は、あなたの「こころ」を確かなものにするために必要なのです。「南無阿弥陀仏、南無阿弥陀仏」と心の中でつぶやくのも結構ですが、手を合わせ声に出してとなえるという「かたち」を実践することによって、阿弥陀仏への帰依の心、亡き方への弔いの思いがより明確に、より強まっていくものなのです。

お葬儀も同じです。自分なりの送り方もあることでしょう。しかし、昔から受け継がれてきた葬送の儀式・儀礼を行うことによってこそ、亡き人を確実に極楽浄土に見送ったという気持ちを実感することができます。これはまさに、先人たちの知恵によるもの。やり場のない心持ちを「かたち」にすることで乗り越え、昇華してゆくのです。悲しかったら泣く、悔しかったら叩く、「こころ」で感じたことは身体的な表現として「かたち」に表されます。しかし、亡き人により良いところに往《い》ってほしいという気持ちを表現することは大変難しいものです。お葬儀という「かたち」は、そのような「こころ」を具体的に表現するための方法でもあるのです。

2　浄土宗の葬儀

◉浄土宗の葬儀の意味――極楽往生の二つの目的

私たち浄土宗のお葬儀、それは、臨終が迫った際、阿弥陀さまに極楽へのお迎えに来ていただき（来迎引接《らいこういんじょう》）、亡くなった人を仏さまのお弟子にしていただいて極楽往生を願う儀式です。

では、何のために極楽に生まれかわることを願うのでしょうか。

［倶会一処《くえいっしょ》の教え］

一つは、先立った方々との再会を果たすためです。お念仏をとなえ、極楽に往生したなら、先に往生した方々と再び会うことができると、浄土宗がよりどころとしている経典『阿弥陀《あみだ》経《きょう》』に説かれています。「倶会一処」という教えです。

法然上人の詠まれたお歌、

露の身は　ここかしこにて　きえぬとも　こころはおなじ　花のうてなぞ

には、「朝露のようにはかなく、いつどこで消えるか知れない私たちの命ですが、共に往生し極楽の蓮の台《うてな》で再びお会いしましょう」との思いが込められています。浄土宗の教えでは、「死」は遺された者にとって決して永遠の別離ではなく、再会という希望の光に輝いているものです。お葬儀は、故人との再会を確信する時でもあるのです。

［さとりを得、有縁・無縁の苦しむ人々を救済する慈悲行の実践］

もう一つの目的は、家族など強い縁で結ばれた人たちに限らず、直接の縁はなかったけれども、苦しみの中にいる人々を救済する慈悲行を実践するために往生を遂げる、ということです。

生前は日々お念仏をとなえ、臨終に際し阿弥陀さまの来迎をいただいて極楽に往生し、やがてさとりを得て成仏を果たす、そして、苦しみからの救いを求めている有縁《うえん》無縁《むえん》の一切衆生を救うために、今度はまたこの世に還《かえ》ってきて人々を救い導く（これを「還相《げんそう》」といいます）——これこそ、法然上人の教えにのっとった、あるべき姿です。つまり、浄土宗におけるお葬儀とは、仏教を信じる者として真の目的を果たすために往生を期する、「新たな生まれ変わりの儀式」であることがわかります。

一般に「冥福を祈る」といいますが、「極楽浄土で早くさとりを得て還相すること」が、浄土宗の「冥福」ということができます。

死は決して永遠の終わりでも、ましてや敗北でもなく、亡き人と生きる世界は異なっても、共に生き続ける「新しいつながりの始まり」です。極楽で見守り続けてくれている亡き人とともに生き続けていくという希望の始まりがお葬儀であり、その後の年回法要はその確信を再確認する儀式ということができるのです。

◉法名――仏教徒としての名前

仏教では、国や宗派にかかわらず、仏（お釈迦さま・阿弥陀さまなどの仏さま）、法（仏さまの説かれた教え）、僧（仏さまを敬い、その教えに従う人々）の三つ（三宝《さんぼう》）を心から信じ、敬うこと（帰依）を重んじています。

日本の場合、三宝への帰依（「三帰《さんき》」といいます）を表明すると仏教徒としての名前である「法《ほう》名《みょう》」が授与されますが、生前に三帰をしていない方の場合は、亡くなった後に三帰の作法をし、僧侶が法名を授けます。葬儀の際に付けられる、いわゆる「お戒名」は、実はこの法名のことです。「法名は必要ない」と主張する方もありますが、仏教徒として仏さまの国へ旅立つのですから、法名を名のるのはごく自然のこととご理解ください。浄土宗では、五重相伝を受けた方にはとくに「誉号《よごう》」が添えられます。なお「院号《いんごう》」は、信仰の篤さや寺院護持への貢献などに応じて菩提寺から贈るものであって、対価によって授かるものではない点、ご留意ください。

◉枕経と納棺

臨終の後、亡き方を極楽浄土へお迎えいただくことを阿弥陀さまにお願いする最初のお勤めが「枕経《まくらぎょう》」です。

枕経を終えると、ご遺体を棺に納める「納棺《のうかん》」が行われます。納棺は、お釈迦さまが涅槃《ねはん》の後、ご遺言にしたがってお弟子たちがお身体《からだ》を棺に納めた故事に由来する、臨終後の大切な儀式です。近年は葬祭業者が代行することがありますが、家族も一緒に心を込めて行うようお願いします。

◉通夜

「通夜」は「夜通し」の意味で、一般には葬儀式（出棺・荼毘《だび》）の前夜に行うお勤めのことをいいます。昔は身内の人たちが集まり、その名のとおり僧侶が終夜読経したのですが、今では時間を限って勤めることがほとんどです。また、昨今は通夜を行わない「ワンデーセレモニー」といったスタイルも見受けられますが、故人とともに過ごせる最後の夜であることに想いを致し、心からの通夜をぜひお勤めください。

◉茶毘

火葬のことを「茶毘」といいます。茶毘はお釈迦さまが香木を焚いて亡き父上を葬られたことに由来し、お釈迦さまもご遺言により茶毘に付されました。これが仏教の伝来とともに、元来土葬していた日本に伝えられ、行われるようになりました。地方の慣習により、葬送当日、茶毘に付してから葬儀式を行う場合と、葬儀式を終えた後、火葬場へ赴いて茶毘に付す場合があります。

◉葬儀式と告別式

葬送の当日、亡き方に「引導《いんどう》」を授け、阿弥陀さまのお迎えを仰いで、速やかに極楽に往生することを願う法要が葬儀式です。引導とは人々を仏の道に導くことですが、この世で仏道を極めるのは難しいため、まず極楽浄土に生まれ、阿弥陀さまのもとでさとりへの道を歩まれるように導くのが浄土宗の引導の意義です。一連のお葬式の中ではいろいろな作法が行われますが、引導はもっとも大切なものです。

一方告別式は、生前親交のあった方々とお別れをするための式典です。「お葬式は内輪で済ませ、後日お別れ会を」といった告知を見ることがありますが、これも告別式の一種です。もちろん告別式でも念仏・読経することはありますが、亡き人を極楽浄土へ導くお勤めは告別式ではなく葬儀式です。

◉初七日から七七日のご供養

亡くなって七日目（亡くなった日を一日目と数えます）に勤めるのが初七日法要《しょなのかほうよう》です。最近は、葬儀式の日に繰り上げて行うことが多くなりました。遠方の親戚が多い、縁故の方をたびたび煩わせるのは心苦しいなど、さまざまな理由によるようですが、あくまで便宜上のことと心得てください。

亡くなって四十九日目を「七七日忌《しちしちにちき》（四十九日忌《しじゅうくにちき》）」または「満中陰《まんちゅういん》」といいます。この間、身を慎んで七日ごとにご供養するのが昔からの過ごし方です。阿弥陀さまの本願を信じ、極楽に往生された亡き方を包み込んだ蓮の花が早く開くように、そして先だったご縁のある方々にお会いできるよう、心を込めてお念仏をとなえ、ご供養する期間であり、四十九日法要はその節目となる大切なものです。このときに納骨するケースも多いようです。

◉葬儀のしきたり・作法

お葬儀には昔からさまざまなしきたりや作法が伝えられています。

◆臨終にまつわるもの

末期《まつご》の水……お釈迦さまが亡くなる間際に水を望まれた故事から、水で死者の唇を潤す。

湯灌《ゆかん》……水にお湯を足したぬるま湯で、死者の体を清める。

◆枕経・納棺にまつわるもの

逆さ屏風《びょうぶ》……屏風を上下逆さにして死者の枕元へ立てる。

北枕《きたまくら》……お釈迦さまの入滅時の姿にならい、頭を北向きにして死者を安置する。

◆葬送にまつわるもの

道違《みちたが》え……茶毘・埋葬の際、往路と復路の道を変える。

清め塩……葬儀のあと、塩で身を清める。

友引……〝友を死に誘う〟として葬儀を行わない。

地方や地域にもよりますが、中には浄土宗の教えには関係なく、あくまで習俗として行われているものもあります。わからないことは菩提寺の住職にご相談ください。

3　よりよい旅立ちと、お見送りのために

◉どなたかが亡くなったら

家族や身内などのどなたかが亡くなった場合には、まず菩提寺に連絡をし、枕経の日時、法名、通夜・お葬儀の日程や場所などについてご相談ください。本来、菩提寺への連絡や打ち合わせは、遺族（近親者）が直接出向いて行うのが昔からの習慣でしたが、それが難しい場合には電話で結構です。

なお、菩提寺が遠方にあり、ご住職に来ていただくのは難しいかもしれないと感じられる場合でも、必ず最初に菩提寺に連絡し、生前に法名が授けられていることもありますからその点を確認し、授けられていなかった場合には、菩提寺のご住職につけていただくよう依頼します。住職に来ていただけるか、あるいは自宅近隣の浄土宗寺院やご住職を紹介していただくのかを相談します。そして他寺のご住職に勤めていただいた場合には、お葬儀が終わった後、落ち着いた時期に菩提寺への御礼や、葬儀後の各法要、ご納骨の日時などについての相談も必要です。

◉葬儀でのマナー

お葬儀の営み方は全国共通化の傾向が進んでいるようですが、まだまだ地方・地域色が残っているところもありますから、親族あるいは知人・友人として参列する際は、ご自身の地域で行われている習慣に基づいた過度のアドバイスなどは遠慮すべきです。不明な点は菩提寺のご住職に尋ねるのがよいでしょう。

なお、参列した際には、読経中の不必要な会話、通夜・葬儀後のお斎《とき》（食事）の席での長居を慎むなどのことは、大切なマナーです。また、お袈裟、お数珠をお持ちの方はぜひとも携行してください。他宗教・他宗旨でのお葬儀に参列する場合には、浄土宗の檀信徒であることを強く主張したりせずに、合掌して小声でお念仏するようにしましょう。

コラム⑥ なるほど質問箱——❶

Q）不祝儀袋の書き方を教えてください

A）お布施やお香典を包む袋を俗に不祝儀袋・香典袋などといいます。水引《みずひき》は黒白または黄白などの組み合わせ、あるいは銀一色などで、「二度と起こらないように」との意味が込められた「結び切り」のかたちが用いられます。

お布施の表書きは、「御布施」とします。「御車料」や「御膳料」など、別の包みを用意することもあります。

お香典の場合には「御香典」「御霊前」「御仏前」などと書きます。「御霊前」と「御仏前」を四十九日の前後で使い分けることもあります（地方によりしきたりに違いが見られます）。また、悲しみを表す薄墨で書くこともマナーとされているようです。

お金は白無地の封筒を中包みとして用いると、より丁寧です。その裏面には氏名（団体名）、住所（連絡先）、金額を書いておくことも忘れずに。中包みに金額を書く際には、一→壱、二→弐、三→参、五→伍、十→拾、千→阡、万→萬と、大字《だいじ》を使用することもあります。

お香典は四十九日までに持参するのが一般的ですが、通夜に弔問するときは通夜に、通夜には行かず葬儀に参列する場合は葬儀の時に持参します。通夜と葬儀に行く場合は通夜で持参し、葬儀では不要です。また「通夜も葬儀も行けないが、せめて気持ちを」と、会葬する友人などに委ねることがありますが、後日改めて訪問できるようであればそのときに持参するほうが良いかもしれませんね。

5

あの方へ供養の思いを――年回法要

1　法要の意味するもの

◉追善供養と回向

よくいわれる「法事」とは本来「仏さまの教えを実践すること」で、その意味では毎日仏さまにお茶やご飯を供えたり、お勤め（読経）をしたりすることもすべて法事といえます。仏さまを敬う心や行い、また仏前に物品を捧げることを供養ともいい、亡き人のために供養することを追善供養、追善回向《えこう》といいます。

追善とは、私たちが亡き方のために善《よ》い行い（善根功徳《ぜんごんくどく》）を積むことで、極楽浄土にいらっしゃる亡き方が早くさとりを開き、私たちを見守り、導いてくださることを願ってめぐらし向けることを回向といいます。回向は、自分が積んだ功徳を自分のためだけでなく他の人に振り向けること、正確にいえば、阿弥陀さまにお願いして〝亡き人のもとに届けていただくこと〟で、すべての人が極楽に生まれて、ともにさとりへの道を歩むことを願うという、大きな慈悲の心をあらわす行為なのです。浄土宗の教えでは、心をこめて「南無阿弥陀仏」とお念仏をとなえることが最高の功徳であり、追善供養です。

◉命日と年回法要

亡くなった日のことを「命日」といいます。浄土宗的にいえば「極楽浄土に生まれた誕生日」であり、毎年めぐってくる命日を「祥月命日《しょうつきめいにち》」、毎月のあたり日をとくに「月命日」ということもあります。地方によっては月命日に檀信徒宅のお仏壇で読経する「月参り」の習慣があります。

葬儀を終えると、法要を営む忌日として、亡くなって七日目の初七日、そして二七日忌《にしちにちき》、三《さん》七《しち》日忌……七七日忌（四十九日忌、満中陰忌）と続きます。その七日ごとに自宅に僧侶を招いて法要を行う習慣は、都市部などではほとんどなくなりましたが、まだ残っている地方もあります。七日ごとに遺族が集まり供養することで、少しずつ新たな生活に踏み出していくことができるのです。

その後は百か日、亡くなって一年目の一周忌、二年目の三回忌、六年目の七回忌、同様に十三回忌、十七回忌、二十三回忌、二十七回忌、三十三回忌、三十七回忌、四十三回忌、四十七回忌、五十回忌、七十回忌、百回忌とめぐってきます（地方により違いがみられます）。これを年回（年忌）法要といいます。法要とは「法の要」、つまり「仏教の肝要な部分」の意味ですが、一般には読経などの仏教儀式のことを指し、法要後の食事などまでを含めた意味で「法事」といっているのが一般的です。

◉なぜ年回法要をするの？

日々のご供養とともに大切なこと、それが、年回法要です。自宅であれ、お寺であれ、特別に時と場を設け、日常の装いから衣服を整え、心を調え、家族のみならず、親族や知人なども招き、僧侶に法要を勤めていただき、ともに読経し、お念仏をとなえることには、時が経つにつれて薄れがちな故人への思いを新たにするという意味のほか、いくつもの重要な意味があります。

まず、亡き方は、皆さんが手向けるお念仏の功徳、阿弥陀さまのお力によってさとりへの道を歩んでいきます。これは浄土宗の教えの最も大切な点です。また、「他の誰でもない、私たち遺された家族がこの法要を勤める」という主体的な意識が、新たな毎日を生きる力を目覚めさせてくれます。あるいは、法要で久しぶりに再会したことで、親族、友達などが互いのきずなを確認でき、さらにそれが強まった、といった感想を聞くこともよくあります。特に、まだ喪失感や悲しみが深い七七日忌、一周忌、三回忌などは、遺された方が極楽とこの世から、つまり阿弥陀さまと亡くなった方から、そして法要に参列してくださった方々から「生きる力」をいただき、それを実感することができる、そうした機会でもあるのです。

◉ともに生きている

「もう十三回忌も過ぎたから、親戚や友人を呼ぶのも大変だし、年回法要はやらなくても……」と考える方もいらっしゃるかもしれません。もちろん、準備や出費など大変なことはあるでしょう。しかし、法要を僧侶に勤めていただき、ともに読経し、お念仏をとなえ、日々見守っていただいていることへの感謝の心を表し、亡き方がさらに高いさとりへと進むのを願うことは、時が経つほどに、また家族が成長し、変わっていけばいくほど、より大切になります。それぞれに、故人に伝えたいこともあるでしょう。

亡くなった方は三十三回忌（地方により五十回忌など）を境に「ご先祖さま」になる、との古来の信仰から、それをもって「弔いあげ（法事の打ち止め）」といわれてきたのは、「四十、五十歳で親の葬儀の喪主を務めた人は、三十三回忌の施主を務め終えれば、そろそろ自分がお浄土へ行く順番」と考えたからでしょう。しかし、何も「弔い上げ」とされる年回以降は法事を勧めなくていい、ということはありません。人と人とのつながりが希薄になっているといわれる現代だからこそ、できる限りきちんと勤める意義は大きいのです。

亡き人と残された家族が、「いつも、いつまでも、ともにあること」を確かめ合える、そして数年ぶりに集うことで旧交を温め、老いを共感し合い、成長を喜び、縁ある方々とのきずなを強める、これらも年回法要を勤めることによる大きな作用なのです。

2　年回法要を勤めるには

◉必要な手続きは？

〈1〉日時・場所の決定と案内

近年は、招待者が参列しやすいよう、命日より前の土曜日、日曜日、祝日などを選ぶことが多いようです。そのため、そうした曜日にはどうしても法要が集中しがちですから、希望日の二か月前ぐらいには菩提寺に連絡をしましょう。この時、菩提寺の本堂か、自宅か、霊園かなど、場所も決めておきます。

法要の後に食事（お斎《とき》）をする場合にはその点も考えます。料理店で行う場合には、菩提寺の都合に合わせ、また移動時間も考慮して予約をしましょう。菩提寺の座敷などでする場合には、食事の手配を、どこに、誰がするのかをはっきりしておく必要があるほか、料理店、料理の選択や人数の確認、席の配列（席次）も考えておきます。

日時と場所が決まったら案内状の発送です。故人のお名前、法名、法要の種別（一周忌、三回忌など）、日時、場所を記し、返信用のはがきを同封するなどします。返信用はがきには次のような項目を設け、法要予定日の二週間くらい前までには返送していただきましょう。

①法要への出欠、および出席の場合の人数、②食事への出欠、および出席の場合の人数、③連絡先（氏名、住所、電話番号、携帯電話番号、Eメールアドレスなど）、④卒塔婆《そとうば》建立の希望の有無と塔婆回向料。建立していただける場合には志主名と読み方、などです。

案内は電話でも可能ですが、聞き間違いによるトラブルを防ぐためにも、はがきやファクスなど、情報が確実に残る方法をとるのが無難です。

〈2〉準備しておくこと

法要の十日ほど前までには次のようなことを菩提寺に連絡しましょう。

①法要への参列人数、②供花の有無（持参か配達か、菩提寺に発注を依頼するのか。菩提寺発注時には金額も）、③供物の有無（②と同）、④卒塔婆建立者の氏名とふりがな、⑤食事について（施主発注か、菩提寺に発注を依頼するか。依頼する場合は金額も）

用意すべきものは、菩提寺で行う場合には供花、供物のほか、お位牌（七七日忌には白木位牌と新規の板位牌、繰り出し位牌など）や、ご遺影を必要とすることもあります。自宅の場合にも、お仏壇への供花、供物はじめ霊膳などを用意する必要があるでしょう。墓参用のお花とお線香も準備しておきます。なお、自宅での法要の営み方は地域による違いが、霊園での法要では霊園による違いが大きいので、菩提寺住職、霊園の事務所にお問い合わせください。

また地方にもよりますが、卒塔婆供養を行うのが一般的です。卒塔婆は事前に申し込んでおく必要があります。自宅法要の場合には事前に菩提寺に卒塔婆を受け取りに行き、仏壇の両脇に並べます。霊園によっては卒塔婆の建立ができない場合もありますので確認してください。

参列者への引出物を用意することもあります。品物は地域による違いが大きいようですが、派手なものは避け、調味料・お菓子・お茶・台所用品等が一般的とされていることが多いようです。地域の習慣については近隣の方々や親しい親族の方にお尋ねください。

服装も地域によって異なりますが、略式礼装（喪服）が基本です。最近では一周忌までは喪服でも、三回忌以降は平服（濃い色のスーツ）とするケースも多くなりました。案内状に「平服にてご参列ください」と書き添えると親切です。なお、あなたが施主の場合でも参列者の場合でも、輪袈裟と数珠を忘れないようにしたいものです。

コラム⑦ なるほど質問箱——❷

Q）卒塔婆について教えてください

卒塔婆とは、お釈迦さまの遺骨の埋葬場所に建てた「仏塔」を意味するインドの言葉「ストゥーパ」の音を漢字で表記したものです。多くの地方では、年回法要や施餓鬼会などの際に卒塔婆を建ててご供養します。仏塔は日本に伝わると五重塔などの仏教建築に進化しました。現在、一般に見られる卒塔婆は木の板に「南無阿弥陀仏」の名号や経文、梵字、法名などを記したもので、とくに板塔婆と読んでいます。長さはさまざまで、短いものは経木《きょうぎ》塔婆、水塔婆などと呼ぶ地方もあります。

Q）お札やお守りに“有効期限”はありますか？

A）厳密にそうしたものはありません。ただし本来の意味からするなら、たとえば初詣で授かったものであれば翌年の初詣に、何かの祈願などをして授かったものであれば、御礼参りをする際に、授かった寺院にお納めしてお焚き上げをお願いするのが理想です。お土産などとしていただいたものであれば、もう手放してもよいと思った時に菩提寺などに納めさせていただくのがよいでしょう。

なお、お守りやお札が所狭しと置かれているお仏壇を目にすることがありますが、これではかえって粗末に扱っていることにもなりかねません。一度確認のうえ、整理されることをお勧めします。

⑥ 現代お墓考

1　多様化するお墓

◉お墓のルーツと役割

亡くなった方のご遺体（ご遺骨）を埋葬するための施設、「お墓」。世界にはさまざまな形のお墓がありますが、仏教の歴史としてたどれば、お釈迦さまのご遺骸を火葬し、ご遺骨を埋葬して供養するために信者が設けた塔（仏塔＝ストゥーパ＝卒塔婆《そとうば》）がそのルーツです。それが仏教の伝播《でんぱ》にともなって各地に広まり、その土地や地域の文化、従来の信仰などの影響を受けるなどしてさまざまな形に変化しました。

日本では六世紀ごろの仏教伝来とともに火葬が導入され、浄土往生、成仏を願って墓が建立されるようになりますが、火葬や墓石建立が庶民にまで一般化するのはずっと後代になってからです。現今、もっとも多く見られる「○○家先祖代々之墓」「○○家之墓」などと刻まれた形態のものが普及するのは、大正期半ば以降のことといわれます。昨今は「愛」「絆」など、故人が好きだった文字などを刻む、従来の形式にとらわれないものも増えています。

◉お墓の種類

お墓は寺院の境内地にあるもの（寺院墓地）のほか、公営や民営の墓地もあります。

・寺院墓地…基本的にはその寺院の檀徒のために設けられた墓地で、境内地のほか、その寺からは離れた寺領にあるケースも。檀家となり永代《えいたい》に渡って使用する権利を得ます。あくまで「使用」であり、土地そのものの購入ではありません。信仰と信頼のもと、供養をしていただけます。

・公営墓地…都道府県や市町村など行政が管理・運営する墓地。宗旨を問わず、また使用料も手頃なところが多いため概して人気が高く、抽選による場合もあります。

・民営墓地…民間企業が管理・運営する墓地。宗旨は問われませんが、経費は公営と比較すると割高なことが少なくありません。また民営墓地の中には寺院が管理するものも多いですが、寺院墓地とは異なり檀家になるという条件はありません。
これらのほか、村落・集落ごとに設けられた共同墓地などもあります。

◉変化する、お墓・埋葬・供養のスタイル

お墓や埋葬、供養のあり方に変化が現れていることは、多くの方がご承知でしょう。それは核家族化、少子化といった家族のあり方、あるいは生活そのもの、また人々の価値観の変化が大きく影響していると指摘されます。

たとえば、平面墓地や野墓地と呼ばれる、一般的な従来の墓地がまだ大部を占めているとはいえ、屋内のロッカー式墓地、多数の遺骨を共同で埋葬する合同墓（合祀墓《ごうしばか》）、樹木の下に埋葬する樹林墓地などが増えてきているほか、遺骨を海や山に撒く散骨を選択するケースもあります。「故人の遺志」「自然に還る」などといえば聞こえは良いのですが、樹林墓地や散骨などは一たび遺骨を埋葬したり撒いたりしてしまえば再び集めることはできません。一時期の感傷や風潮に左右されることなく、家族や信頼のおける人とよく相談して決めたいものです。

こうした多様化傾向にあるお墓を、①誰と入るのか、②どう埋葬するのか、③誰が供養する

のか、の観点から分けてみると整理がつきます。（一二九ページの表を参照）

①は、いわゆる先祖墓、夫婦双方の先祖を埋葬する両家墓、夫婦墓、個人墓、合祀墓など、②は、一柱ごとに壷に入れたり布で包むなどするのか、それとも他の方の遺骨と混ざるような状態なのか、③故人の配偶者や子なのか、兄弟や親族なのか、あるいはまったくの第三者（寺院や霊園）に委ねるのか、といったことが挙げられます。③の「第三者」というのは、いわゆる「永代供養墓」ですが、必ずしも「合祀墓＝永代供養墓」でない点にご注意ください。

◉合祀墓と永代供養墓

少子化・高齢化、あるいは社会の〝個人化〟などが進む中、従来のかたちでの墓地の継承が難しくなってきた状況を受けて登場したのが、いわゆる「永代供養墓」です。この利用を検討する際にはいくつか注意したいことがあります。

まず、「永代」という点です。これは「永遠」の意味ではありません。「埋葬の面」と「供養の面」、いずれにもたいていは年限が設けられています。「埋葬の面」では、はじめから合祀するのか、あるいは当初は遺骨を壺などに納めて個別に埋葬し、一定の年月が経ったら壺から出して他の方の遺骨と混ざるかたちで合祀にする、などがあります。また「供養の面」では、ホームページなどに「○○寺が責任をもって供養します」などと記されていても、たとえばそれは毎年の施餓鬼会で供養するということなのか、その場合、個々の戒名を読み上げてもらえるのか、あるいは年忌の際に個別に読経していただけるのか、卒塔婆は建てていただけるのか、といった具体的な内容までは不明なことが少なくなく、寺院や霊園ごとの定めにより一律ではありません。年限や内容によって費用にも大きな違いが見られます。

検討される際には、こうしたことを考慮し、直接訪問して話を聞き、わからないことは尋ねて十分に納得してから決めることが大事です。それには、どんなことを質問したいかを事前に予習しておくことも必要でしょう。

永代供養墓、合祀墓は、独身の方、子孫のない方などにとって〝妙案〟と言えるものです。たしかに、後々の心配を解消できるものですが、一方で「どなたかわからない方と合祀されているお墓に手を合わせるのは……」と違和感を持たれる方もいらっしゃいます。一旦合祀されたら元に戻すことも不可能で、後悔されるケースも少なからずあるようです。

お墓とは、亡くなっていく方、あるいは亡くなった方だけのためのものではありません。遺

		特徴	名称	備考
①誰と入るか		個別のもの	先祖墓	先祖から墓所・祭祀を継承し、あるいは自分が創始となってあらたに墓所を設け、自分およびその家族、子孫が代々にわたって継承していくことが前提。
			両家墓	配偶者双方の親（兄弟、先祖を含む場合も）と一緒に埋葬。一基の墓石に夫婦それぞれの姓を刻む場合と、一区画の墓所に両家それぞれの墓石を建立する場合などがある。
			夫婦墓	ひと組の夫婦のみを埋葬。
			個人墓	亡くなった方一人のみを埋葬。
		合同のもの	合祀墓（合同墓）	血縁などとは関係なく、複数の第三者と一緒に埋葬。
②どう埋葬するか		個別のもの（壷や布袋で遺骨の個別性を保持）		先祖墓、両家墓、夫婦墓、個人墓は一般的にこれに当てはまる。しかしこれらの中にも、地域の習慣などにより、遺骨の全部（または一部）を埋葬スペース（カロート）に、包むことなどはせずそのまま埋葬するケースもある。
		合同のもの（他人の遺骨と混在）		合祀墓は通常このタイプ。しかし実際には、埋蔵時から一定期間は壷や袋などに入れて個別に埋葬し、その後、壷や袋から取り出して埋葬し直すケースが多い。
③だれが供養するか		埋葬されている人と血縁関係にある者		埋葬されている人の配偶者や子孫が基本。それが難しい場合（絶家など）には、兄弟、あるいは必ずしも直系の血縁者でなく親族などが守るケースも。
		第三者	永代供養墓	墓所の継承者が完全にない場合、墓所を管理する寺院や霊園が責任をもって管理・供養する。この場合の「永代」および「供養」の定義は一定ではなく、具体的内容はさまざま。

された方、ご縁のあった方々にとって祈りを捧げることのできる大切な「場」である、ということを十分に念頭に置き、お考えください。

◉お墓の移転

「田舎のお寺にお墓があるけれども、遠くてお参りにいけない」

「身内も親戚ももう故郷にはいなくなったので、お墓を移したい」

こうした際には、まず故郷の菩提寺に事情を説明し、よくご相談ください。お墓の移転は不可能ではありませんが、移転がよいか、あるいは分骨がよいかなど、十二分に話し合うことが大切です。現住地付近の寺院や霊園などに移すことを決め、事務手続きを終えるなどしてから結論を伝えるのではなく、はじめにご相談することを心掛けてください。

2　元気なうちに、〝死の準備〟

「就活」(就職活動)ならぬ「終活」という言葉があります。人生の最期を迎えるにあたり、人生の総括をし、さまざまな準備をしておくことです。生前に〝もしも〟のことを考えておくなど縁起でもないと思われる方もいらっしゃるのは事実です。想像がつかない、何から考えていいか見当がつかない、今考えたところで今日、明日にどうなるものでもない、と先送りされている方が多いのが現実です。

しかしこれは、ご自身にとっても、家族をはじめご縁のあった周囲の方にとっても、実はとても大切なことです。たしかに考えておくべきことは少なくありませんが、何か一つでもきっかけとして書き出してみると、案外いろいろなことが浮かんでくるものです。お墓のこと、葬儀のこと、財産のこと、自分の持ち物の処分、人生の最終段階における医療について……。

ただし、たとえ「こうしたい」「こうしてもらいたい」と考えても、それを家族などに押し付けるのではなく、あくまで「望み」程度にしておくことが重要です。「必ずこうするように」といった命じ方は、遺族にとって想像以上の重荷になってしまうからです。望みは望みとしても、最終的には後の方々に委ねるというおおらかな考え方が、実は必要なのです。また、自分一人でではなく、家族や親しい方、あるいは菩提寺のご住職に相談しながら考えをめぐらせることも大切です。

また、〝自身亡きあと〟のことだけでなく、大切なのは、今、こうして生きているという事実、その意義、今日までの自分自身の人生の軌跡に目を向けることです。これまでにあった楽しかったこと、辛かったこと、うれしかったこと、苦しかったこと、悲喜こもごもを振り返ってみるのです。それにより、自身の人生というものがあらためて浮き彫りになってくることでしょう。

そしてもう一つ。それは心の準備、つまり、自分自身の死をイメージすることです。いよいよ最期のときには阿弥陀仏に迎えられ極楽浄土に向かうこと、先に亡くなった家族や友人と極楽浄土で再会できること、阿弥陀さまのもとで修行し仏となり、残してきた家族・親族を見守ることなど、浄土宗の教えをあらためて頭に描くことです。最期を迎えるときの大きな助けとなるに違いありません。

もちろん、自分の、あるいは家族や親しい人の死がいつ、どこで、どういうかたちで訪れるかは誰にもわかりません。法然上人は、「人は思った通りの最期を迎えることなどできない。しかし、日頃からお念仏をとなえていれば、いよいよの刻《とき》には必ず、阿弥陀さま、観音菩薩、勢至菩薩がお迎えに来てくださるのだと信じなさい」と示されています。日々、阿弥陀さまに掌を合わせ、南無阿弥陀仏ととなえる、その継続の中に、安心《あんじん》は養われていくのです。

なお浄土宗では、こうしたことを無理なく考え、書き進めることができるエンディングノート『縁《えにし》の手帖《てちょう》』をご用意しております。興味がおありの方は、菩提寺ご住職にお尋ねください。

コラム⑧ なるほど質問箱──❸

Q）お墓を新しくしようと思います。墓相の吉凶は重視すべきでしょうか？

A）墓相は中国の易学や陰陽道、日本古来の俗信や迷信が融合したもので、仏教とは本来、何ら関係ありませんから、気にする必要はありません。できれば複数の石材店に相談し、予算などを考慮した上で、ご先祖を思いやる気持ちを中心にすえて設計なさってください。

Q）私ども夫婦には娘が一人おりますが、他家へ嫁いだため、将来、先祖代々のお墓を守ることができないのではと不安です。どうすればいいでしょう。

A）娘さんご夫婦が健在の間は守ってもらえるとしても、その次の世代にまで託すことが可能かどうか心配ですね。成人しているお孫さんがいらっしゃればある程度具体的な話もできるでしょうが、お孫さんの将来を決め付けるわけにはいきませんから、確約的なことは難しいでしょう。

菩提寺に永代供養墓が設置されていれば、それについてご住職に詳しく尋ねてみましょう。将来的にはそちらへお移しすることも考えられますが、今日、明日にもすべきと考えるのは早計です。いくつかの選択肢を把握しておき、最終的には、いずれ娘さんご家族が導き出す結論に委ねることになると思われます。まずは娘さんご夫婦に、その不安を率直に伝えて忌憚なく話してみることです。

第3章

浄土宗の法要と行事

お寺での行事といえば、お彼岸やお盆など年中行事としての法要が思い出されるかもしれませんが、ほかにも浄土宗の寺院では、さまざまな行事が行われます。それは故人の追善供養のためであったり、自身の極楽往生を期するものであったり、法然上人をはじめとする祖師やお釈迦さまへの報恩のため、あるいは祝賀式典など、それぞれに大切な意味があるものです。

何のために勤められるのか、という意義を知っていればこそ、その法要に臨む姿勢がはっきりし、より心をこめたお念仏もとなえられるはずです。この章では、浄土宗寺院で定期的に営まれる法要・行事と、それ以外の法要・行事に分け、その代表的なものを紹介します。

なお、掲載した法要・行事は、全ての寺院で行われているわけではありません。また、地域や寺院の由緒などにより開催の時期なども異なります。詳しくは菩提寺にお尋ねください。

①定期的な法要・行事

◉修正会　しゅしょうえ（一月一日）

新しい年の始めにあたり、天下泰平や人々の幸福を祈って行う法要です。「修正」とは、正月に修する法会、の意味。起源は中国の年始の儀式にあるとされ、日本では平安時代以降から広く行われるようになりました。

◉御忌会　ぎょきえ（一月二十五日）

生涯をかけてお念仏の教えを説き弘めた宗祖法然上人のご命日一月二十五日に、その恩徳を偲《しの》んで営む法要です。

「御忌」とはもともと、天皇や皇后の忌日法要に対する敬称でしたが、大永三年（1523）に、「法然上人の年忌を『御忌』とし、毎年一月に七日間の法要を勤めるように」との詔勅《しょうちょく》が後柏原天皇から総本山知恩院に下されて以降、特に法然上人の忌日法要にこの言葉が用いられています。

明治期に知恩院が日程を四月に変更してから、とくに大本山などではこの時期に勤める寺院が多くなりました（現在も一月二十五日またはその前後に勤めている寺院もあります）。

御忌会（増上寺）

◉涅槃会《ねはんえ》（二月十五日）

お釈迦さまが入滅された二月十五日に勤める追悼報恩のための法要で、釈尊三大法要の一つ。「涅槃」とはさとりの境地、苦しみが消滅した状態を意味し、そこから、お釈迦さまがこの世での命を終えたこと（入滅）により身体的な苦からも脱して完全な「涅槃」に至ったとすることから、お釈迦さまの入滅を「涅槃」と称しています。

この法要では、入滅された時の様相を描いた涅槃図

涅槃会（増上寺）

を掲げ、ありし日のお釈迦さまを偲びます。涅槃図には、中心に横たわるお釈迦さまが、周囲には弟子たちをはじめ、菩薩、天界の神々、さらには動物や昆虫までもが集まってお釈迦さまの死を悼んでいる様子が、詳細に描かれています。

◉鎮西忌　ちんぜいき（二月二十九日）

浄土宗二祖の聖光《しょうこう》房《ぼう》弁長《べんちょう》上人（1162-1238）の忌日に修める報恩謝徳の法要。「鎮西」とは九州地方の別称で、聖光上人は九州を中心に活躍したことから「鎮西上人」とも呼ばれています。聖光上人を開基とする大本山善導寺では、毎年三月二十八・二十九日に月遅れで盛大に執り行っています。

◉高祖忌　こうそき（三月十四日）

中国・唐時代にお念仏の教えを弘めた善導大師《ぜんどうだいし》（613－681）の忌日に勤める法要。「善導忌」ともいいます。宗祖法然上人は善導大師の著書に導かれて浄土宗開宗を決意したとされることから、浄土宗では善導大師を「高祖」と仰いでいます。

◉彼岸会　ひがんえ（春分・秋分の日の前後七日間）

春分・秋分の日を中心（中日）とした一週間の期間に勤める、先祖追善供養の法会《ほうえ》。

「彼岸」とは、私たちが生きる、苦しみに満ちたこの世界（此岸《しがん》）とは対照的な、向こう側の世界、つまり極楽浄土を意味します。

浄土宗でよりどころとするお経の一つ、『観無量寿経《かんむりょうじゅきょう》』には、「極楽浄土のある西の彼方に沈みゆく夕日を観て、浄土を想え」との修行法（日想観《にっそうかん》）が説かれます。春分・秋分の日には太陽が真西に沈むことから、極楽浄土への憧憬《しょうけい》を新たにし、そこに先立った先祖を供養するのに最も適した時期として、平安時代以降、盛んになったとされています。

◉宗祖降誕会　しゅうそごうたんえ　（四月七日）

宗祖法然上人の誕生を祝い、報恩謝徳を表す法要。私たちがお念仏の教えとご縁が結ばれたのも、法然上人が浄土宗を開かれたからであり、さらに立ち戻れば、上人が誕生されたからにほかなりません。そこにあらためて思いを致し、感謝を捧げる法会です。

◉灌仏会　かんぶつえ　（四月八日）

お釈迦さまの誕生を祝う行事です。お釈迦さまが誕生された際、天から神々が降りてきて祝福のために甘露の水を注いだという経典の説示から、生まれたばかりのお釈迦さまを象《かたど》った小像（誕生仏）を、花々で飾った花御堂《はなみどう》に祀り甘茶をかけてお祝いします。一般には「花まつり」の呼び名で親しまれています。釈尊三大法要の一つです。

◉施餓鬼会　せがきえ　（通年）

生前の強欲や嫉妬などの行いの報いとして、飲食《いんしょく》のままならない、常に餓えに苦しむ世界に堕《お》ちた衆生に飲食《おんじき》を施して救い、その功徳《くどく》を先祖供養のために振り向ける法要です。一般に

「おせがき」とも呼びならわされています。修める時期に定めはありませんが、多くの地域ではお盆前後に勤められており、この場合はとくに「盆施餓鬼」とも呼ばれます。

『救抜焔口餓鬼陀羅尼経《くばつえんくがきだらにきょう》』には、次のような由来が記されています。

お釈迦さまの弟子・阿難尊者《あなんそんじゃ》の前に焔口という名の餓鬼が現れ「お前の命はあと三日だ。生き長らえたければすべての餓鬼に食べ物や飲み物を施せ」と告げられます。驚きあわてる阿難尊者にお釈迦さまは、少量のお供えでも無限に変じる陀羅尼（経文の一種）とその作法を授けました。そのとおりに餓鬼に供養したことで、阿難尊者は命を長らえ、餓鬼たちも苦しみから脱することができたと説かれています。

◉記主忌　きしゅき（七月六日）

浄土宗第三祖の然阿良忠《ねんなりょうちゅう》上人（1199–1287）の忌日に修める報恩謝徳の法要。多くの経典や論書を注釈したり著作を執筆されたことから、その偉大な功績を讃えて「記主禅師《きしゅぜんじ》」の尊称があります。

◉盂蘭盆会　うらぼんえ（七月または八月）

亡きご先祖を極楽浄土からお家にお迎えして供養をする法会です。期間は七月十三日から十五日（十六日）、または八月十三日から十五日（十六日）です。

この起源について、『盂蘭盆経《うらぼんぎょう》』に次のようにあります。

ある日、お釈迦さまの弟子・目連《もくれん》尊者が神通力により、自分の母親が餓鬼の世界に堕ちて苦しんでいることを知ります。なんとか助けたいと悩む目連尊者にお釈迦さまは、「大勢の僧が夏の修行を終える七月十五日に、彼らに食べ物や飲み物を献じれば、その功徳により母を救うことができよう」と説かれました。これにもとづき、日本では毎年七月（地方や地域により八月）に先祖供養の行事として行われるようになりました。

お盆には通常、「精霊棚《しょうりょうだな》」と呼ぶ特別な棚をしつらえてご先祖をお迎えします（一四四ページ　コラム参照）。精霊棚のしつらえ方やご供養の形態、習俗などは地方・地域によってさまざまですが、それぞれの仕方で、感謝を込めてご先祖をおもてなししてください。詳しくは菩提寺のご住職にお尋ねください。

コラム⑨ 精霊棚《しょうりょうだな》のしつらえ方

お仏壇の前、もしくは別の部屋に低い机を用意し、真菰《まこも》を編んだゴザ（または白布）を敷き、机の四方（または奥の二方）に篠竹を立て、縄を張って結界《けっかい》とします。縄には、ホオズキやそうめんなどを吊るすこともあります。ホウズキはご先祖をお迎えする際の提灯に見立て、そうめんはご先祖との永いつながりを意味しているともいわれます。

また「早くご先祖に帰ってきてもらいたい」の思いを込めてキュウリで馬を、「極楽へはゆっくり戻られますように」の願いを込めてナスで牛を作って飾ります。お供物には、旬の野菜や果物、菓子などのほか、故人の好物だったものをお上げするのもよいでしょう。

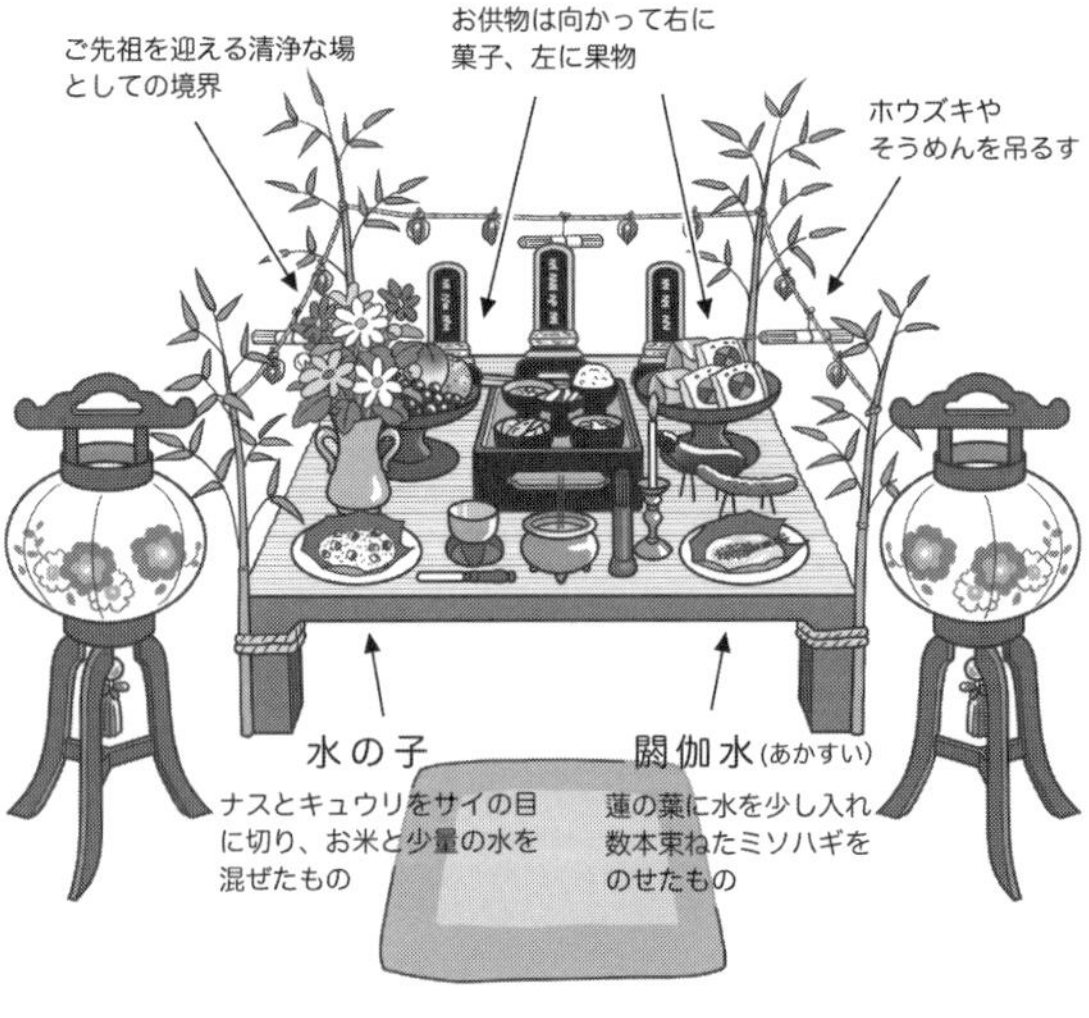

◉十夜会 じゅうやえ（十月から十一月頃）

十日十夜にわたって勤める念仏会《え》。「お十夜」や「十夜講」「十夜念仏」などともいいます。

十夜会（光明寺）

浄土宗でよりどころとする経典『無量寿経《むりょうじゅきょう》』に説かれる、「（煩悩や誘惑に満ちた）この世界で十日十夜の善行を積むことは、（あらゆる煩悩や誘惑などない、修行を行うのに環境の整った）仏さまの国で千年の善行を修めることよりも勝《すぐ》れている」との一節が由来です。「善行」とは、私たち浄土宗の教えにおいては、もちろんお念仏です。

室町時代に京都・真如堂《しんにょどう》（天台宗真正極楽寺《しんしょうごくらくじ》）で修められたのが始まりで、その後、大本山光明寺第九世祐崇《ゆうそう》上人が後土御門《ごつちみかど》天皇のために真如堂の僧たちと引声《いんぜい》念仏（声をゆるやかに長く引き伸ばしてとなえるお念仏）を修したところ、天皇が大変感激され、光明寺で十夜法要を修することに勅許を下しました。これが浄土宗における十夜法要の始まりです。
現在では、一日に短縮して勤める寺院が多いようです。

◉**成道会**　**じょうどうえ**　**（十二月八日）**

お釈迦さまの成道（さとりを開くこと）の日を記念して行う法会で、釈尊三大法要の一つです。法要では、お釈迦さまが修められた苦行に思いを致し、仏教を開かれたこと、またお念仏の教えを伝えてくださったことに対する感謝の意を込め、お釈迦さまの名（南無釈迦牟尼仏《なむしゃかむにぶつ》）と阿弥陀さまの名（南無阿弥陀仏）をとなえて勤めます。

◉**仏名会**　**ぶつみょうえ**

毎年十二月中に日を決め、過去、現在、未来にましますさまざまな仏さまの御名《みな》をとなえ礼《らい》拝《はい》をして、罪深い自分自身を反省する法要です。歳末にあたって一年間に犯した罪を懺悔《さんげ》し、清らかな身をもって新年を迎える、という意味もあります。

② その他の法要・行事

◉別時念仏会　べつじねんぶつえ

日時を定めてもっぱらお念仏にはげむ法要です。「別時」「お別時」などとも呼ばれます。法然上人は、日々となえるお念仏の大切さを説く一方で、お念仏に対する気持ちが薄れてしまわないよう、折に触れ別時念仏を修めるべきである、とのお言葉を残されています。

◉開山忌　かいさんき

寺院を開創した僧侶（開山、開山上人）の忌日の法要です。その方の恩徳を偲び、感謝の思いをこめて勤めます。

◉晋山式　しんざんしき

新たに任命された住職（「新命《しんめい》」といいます）が住職として初めてその寺院に入るのを記念

して行う法会。「晋」は進む、「山」は寺院を意味します。新住職、その寺院、そして檀信徒にとり、歴史的にも意義の深い、大切な行事です。

◉開眼式かいげんしき・**撥遣式**はっけんしき

仏像・仏画・位牌などを新たに作った（修復した）際に勤めるのが開眼式（「おたましい入れ」「お性魂《しょうこん》入れ」などとも）、古くなったり損傷したりしたため修復や浄焚《じょうぼん》（お焚き上げをして供養すること）を行う前に勤める法要が撥遣式（「おたましい抜き」「お性魂抜き」などとも）です。

仏像・お位牌は単なるモノではありません。敬いの心をもって、こうした法要儀式を勤めることが大切です。

◉五重相伝会ごじゅうそうでんえ

浄土宗の教えを五つの順序にのっとって伝える法会です。

五重相伝の「五重」には、「お念仏の教えの中でも特に重要な五つの要点」と、「お念仏の教えの基礎から一つずつ積み重ねて真髄に至る」の意味があるといわれます。

一般には五日間の日程で、初重《しょじゅう》、二重、三重、四重《しじゅう》、第五重の順に法話やお勤めが進められていきます。初重では自身の愚かさを振り返り、二重では法然上人のお念仏に対するお考えを、三重ではお念仏の受け取り方を学び、四重では念仏信仰について抱きがちな疑問を解消し、第五重でお念仏の奥義の口伝を授かります。

朝から夕方まで五日間も通うのは大変かもしれません。しかしこの行事は、寺院にもよりますが、数十年に一度、早くても数年に一度程度しか行われないもので、参加できる機縁に出会うこと自体、少ないものです。極めて厳かな中に勤められるこの行事を満行《まんぎょう》（修了）された方々からは、「参加してよかった」「あっという間だった」といった感想が多く聞かれます。

菩提寺、もしくは近隣の寺院で開かれることがありましたら、是非とも参加されるようおすすめします。

◉帰敬式《ききょうしき》

仏・法・僧の三宝への帰依を表明し、お念仏の教えを敬い、心から信じ、浄土宗の教えの信者となることを誓う儀式です。

阿弥陀さま、お念仏についての法話を聞き、浄土宗の基本的な儀礼、心得なども学び、終生お念仏の教えをよりどころとし、日々お念仏に励むことを誓います。

◉授戒会　じゅかいえ

「戒」とは、仏教をよりどころとするすべての人が守らなければならない規範のことで、これを授かり、生涯持《たも》つことを誓う儀式が授戒会です。僧侶に対して行うものと、一般檀信徒に対して行うものがあり、後者をとくに結縁《けちえん》授戒といっています。

仏教各宗で広く行われますが、浄土宗の授戒会では、戒の知識と心構えを学ぶ「前行《ぜんぎょう》」、自身の罪を告白懺悔する「懺悔会《え》」、戒を授かる「正《しょう》授戒」の三部構成が基本です。

なお、いわゆる「戒名」とは本来、授戒会を受けた方がその証に授かる仏弟子《ぶつでし》としての名前であって、死後、葬儀の際に贈られるのを本義とするものではありません。

◉写経会　しゃきょうえ・写仏会　しゃぶつえ

写経とはお経を書き写すことで、仏法を弘めるためにそれを書き残す作業として昔から行われてきたもの、写仏とは仏さまのお姿を写し描くことで、いずれも自己修養のほか、先祖供養や家内安全無病息災などの祈願としても行われています。

お経の一字一字を書き写すことで仏さまの教えを知り、仏さまのお姿を一筆一筆写し描くことで仏さまへの尊崇《そんすう》の念を篤くする、心のこもったお念仏をとなえるための一助ともなるものです。

◉詠唱会 えいしょうかい

三十一文字の和歌に曲をつけた「詠歌《えいか》」と、七五調の歌詞に曲をつけた「和讃《わさん》」を習い歌う会で、寺院により組織されています。詠歌では、法然上人が阿弥陀さまの慈悲の心や教えを情感豊かに詠まれた和歌を、和讃では浄土宗の年中行事・法要のための曲や、寺院参拝、高僧顕彰の曲など（新作を含む）を唱えます。さらに、詠歌・和讃の心を体の動きで表現し、仏・祖師・高僧を讃歎し供養する「舞」を合わせて学ぶところもあります。浄土宗では、法然上人が起居した草庵のあった京都・知恩院付近の古い地名にちなみ、詠歌・和讃・舞を総称して「吉水流詠唱」と呼んでいます。

コラム⑩ お坊さんの呼称

皆さんは、菩提寺のご住職のことを、どのように呼んでいますか。「こう呼ばなければならない」という決まりはありませんが、「住職さん」や「和尚《おしょう》さん」などが一般的でしょう。地域によっては、「おしょうさん」を縮めて「おっさん」と呼ぶ地方もあるようです。

住職とは寺院を代表する僧侶のことで、「住持職《じゅうじしょく》」を略したものです。住持とは仏さまの教えを護持することを意味します。

一方の「和尚」の読み方は宗派によってさまざま。浄土宗では正式には「かしょう」と読みますが、「かしょうさん」と呼びかけることはしません。ややこしいですね。

また、智徳が勝れた方への敬称を用い、「○○上人《しょうにん》」と呼ぶこともあります。お坊さん同士では、こう呼び合うことが一般的です。

浄土宗の大本山を住持される方は、住職ではなく「法《ほっ》主《す》」という言葉を用います。元来は仏さまを意味します。その法主の立場にある方は、上人ではなく「台下《だいか》」という敬称を用います。

総本山知恩院の場合は「門跡《もんぜき》」といい、また浄土宗一門の師表であることから「門主《もんす》」とされ、「猊下《げいか》」という敬称を用います。

第4章

浄土宗のおつとめ

皆さんは、お経や、「おつとめ（勤行《ごんぎょう》）」について、どれだけご存じですか？「意味はよくわからないけれど、住職がとなえるものでしょう」といった感想が正直なところかもしれませんね。

もともとお経とは、仏さまの教えを文章にまとめたものを指します。仏教徒にとってお経を唱えたり聞いたりすることは、それだけで大きな功徳となる仏道修行であり、仏教の教えを知り、仏道を歩む想いを新たにし、信を深め、また先立たれた御霊《みたま》を供養するといった多くの意義があります。そして数あるお経の中から選び、そうした意義が有効となるように順序立てたものがおつとめです。

浄土宗のおつとめは「日常勤行式」と呼ばれ、その原型は江戸時代にさかのぼることができるとされます。現代のそれは全国の浄土宗寺院に共通といってよいもので、菩提寺のご住職が朝夕に勤めるおつとめや年回法要など、多くの法要の基本となっています。

浄土宗は、さまざまな仏道修行の中でもお念仏をおとなえすることを中心にすえていますｃ。とはいえ、お経を唱えることや、仏さまを礼拝するなどの行《ぎょう》を否定しているのではありません。むしろそれらを実践することを、お念仏をおとなえする気持ちを強くするための助けとしてとらえているのです。長い歴史によって整えられたこの「日常勤行式」は、阿弥陀さまを信じ、極楽往生を願う心を育み、そしてお念仏をおとなえする毎日を続けるための励みとなるよう作られたものなのです。

それぞれのお経には、深い意味があることは言うまでもありません。しかし漢文を一読するだけでは、その意味するところがわかりにくいのも事実でしょう。この章では「日常勤行式」で唱える経文に加え、お経をより味わっていただくために、経文の下に書き下し文、左に現代語訳を掲載しました。さらに、お経の意味をわかりやすくするための解説も加えています。

お経の意味を知り、その心を味わってください。そして、法要などでの僧侶の読経を、またお仏壇の前でご自身がお経をおとなえする時間を、実りあるひとときとしていただければ幸いです。手を合わせて拝むあなたのお姿、そして心をこめた声を、きっと亡き方も喜ばれるはずです。

＊音・訓読は経本『浄土宗日常勤行式』（発行・浄土宗）によっています。また経文に付した黒丸はお鈴《りん》または木魚を打つ箇所です。

＊唱え方の実際は菩提寺ご住職にお尋ねください。なお、浄土宗出版ではＣＤ『浄土宗信徒日常勤行式』を販売しています。

香偈《こうげ》

お香は「仏さまの使い」とも言われます。道場だけでなく身体と心を清らかにし、仏さまをご供養いたしましょう。

願我身浄如香炉《がんがしんじょうにょこうろ》

（願《ねが》わくは我《わ》が身浄《みきよ》きこと香炉《こうろ》の如《ごと》く）

願わくは私の身が香炉のようにきよくなりますように

願我心如智慧火《がんがしんにょちえか》

（願《ねが》わくは我《わ》が心智慧《こころちえ》の火《ひ》の如《ごと》く）

願わくは私の心が智慧の火のようにきよらかになりますように

念念焚焼戒定香《ねんねんぼんじょうかいじょうこう》

（念念《ねんねん》に戒定《かいじょう》の香《こう》を焚《た》きまつりて）

念念に戒定の香をたいて

供養十方三世仏《くようじっぽうさんぜぶ》

（十方三世《じっぽうさんぜ》の仏《ほとけ》に供養《くよう》したてまつる）

過去・現在・未来のありとあらゆる仏さまに供養いたします

三《さん》宝《ぼう》礼《らい》

仏・法（仏さまの教え）・僧（その教えを信じる人々）の三宝を礼拝し、まごころをささげましょう。

一《いっ》心《しん》敬《きょう》礼《らい》十《じっ》方《ぽう》法《ほう》界《かい》常《じょう》住《じゅう》仏《ぶ》

（一心《いっしん》に敬《うやま》って十方法界常住《じっぽうほうかいじょうじゅう》の仏《ほとけ》を礼《らい》したてまつる）

いつ・どこにでもまします仏さまを心から敬い礼拝《らいはい》します

一《いっ》心《しん》敬《きょう》礼《らい》十《じっ》方《ぽう》法《ほう》界《かい》常《じょう》住《じゅう》法《ほう》

（一心《いっしん》に敬《うやま》って十方法界常住《じっぽうほうかいじょうじゅう》の法《ほう》を礼《らい》したてまつる）

み教えによって示された不変の真理を心から敬い礼拝します

一《いっ》心《しん》敬《きょう》礼《らい》十《じっ》方《ぽう》法《ほう》界《かい》常《じょう》住《じゅう》僧《そう》

（一心《いっしん》に敬《うやま》って十方法界常住《じっぽうほうかいじょうじゅう》の僧《そう》を礼《らい》したてまつる）

仏さまとみ教えを信じ仏道に励む人々を心から敬い礼拝します

四《し》奉《ぶ》請《じょう》

阿弥陀さま・お釈迦さま・もろもろの菩薩さまのお慈悲をあおぎ、この道場においでくださいとお願いします。

＊この「四奉請」か次の「三奉請」のいずれかを唱えます。

奉《ほう》請《ぜい》十《し》方《ほう》如《じょ》来《らい》入《じ》道《とう》場《ちょう》散《さん》華《か》楽《らく》

(請《しょう》じ奉《たてまつ》る十方如来《じっぽうにょらい》　道場《どうじょう》に入《い》りたまえ〈散華楽〉)

ありとあらゆる仏さまにお願いいたします

どうぞこの修行の場においでください　花を散じてお迎えいたします

奉《ほう》請《ぜい》釈《せ》迦《きゃ》如《じょ》来《らい》入《じ》道《とう》場《ちょう》散《さん》華《か》楽《らく》

(請《しょう》じ奉《たてまつ》る釈迦如来《しゃかにょらい》　道場《どうじょう》に入《い》りたまえ〈散華楽〉)

お釈迦さまにお願いいたします

どうぞこの修行の場においでください　花を散じてお迎えいたします

奉《ほう》請《ぜい》弥《び》陀《た》如《じょ》来《らい》入《じ》道《とう》場《ちょう》散《さん》華《か》楽《らく》

(請《しょう》じ奉《たてまつ》る弥陀如来《みだにょらい》　道場《どうじょう》に入《い》りたまえ〈散華楽〉)

阿弥陀さまにお願いいたします

どうぞこの修行の場においでください　花を散じてお迎えいたします

奉《ほう》請《ぜい》観《かん》音《にん》勢《せい》至《し》諸《しょ》大《たい》菩《ほ》薩《さ》入《じ》道《とう》場《ちょう》散《さん》華《か》楽《らく》

(請《しょう》じ奉《たてまつ》る観音勢至諸大菩薩《かんのんせいししょだいぼさつ》　道場《どうじょう》に入《い》りたまえ〈散華楽〉)

観音・勢至の両菩薩さまをはじめとしてもろもろの菩薩さま方にお願いいたします

どうぞこの修行の場においでください　花を散じてお迎えいたします

三《さん》奉《ぶ》請《じょう》

大意は「四奉請」と同じです。

奉《ぶ》請《じょう》弥《み》陀《だ》世《せ》尊《そん》入《にゅう》道《どう》場《じょう》

（請《しょう》じ奉《たてまつ》る弥《み》陀《だ》世《せ》尊《そん》　道《どう》場《じょう》に入《い》りたまえ）

阿弥陀さまにお願いいたします　どうぞこの修行の場においでください

奉《ぶ》請《じょう》釈《しゃ》迦《か》如《にょ》来《らい》入《にゅう》道《どう》場《じょう》

（請《しょう》じ奉《たてまつ》る釈《しゃ》迦《か》如《にょ》来《らい》　道《どう》場《じょう》に入《い》りたまえ）

お釈迦さまにお願いいたします　どうぞこの修行の場においでください

奉《ぶ》請《じょう》十《じっ》方《ぽう》如《にょ》来《らい》入《にゅう》道《どう》場《じょう》

（請《しょう》じ奉《たてまつ》る十《じっ》方《ぽう》如《にょ》来《らい》　道《どう》場《じょう》に入《い》りたまえ）

ありとあらゆる仏さまにお願いいたします　どうぞこの修行の場においでください

懺《さん》悔《げ》偈《げ》

はるかな過去より現在まで重ねてきた罪を、仏さまのみ前で悔い改めます。

我《が》昔《しゃく》所《しょ》造《ぞう》諸《しょ》悪《あく》業《ごう》

（我《わ》れ昔《むかし》より造《つく》る所《ところ》の諸《もろもろ》の悪業《あくごう》は）

私は昔から数え知れない罪をおかしてきましたが

皆《かい》由《ゆ》無《む》始《し》貪《とん》瞋《じん》痴《ち》

（皆《みな》無《む》始《し》の貪《とん》瞋《じん》痴《ち》に由《よ》る）

それは限りなく遠い過去からの　むさぼり・いかり・おろかさによるものであります

従《じゅう》身《しん》語《ご》意《い》之《し》所《しょ》生《しょう》

（身《しん》語《ご》意《い》より生《しょう》ずる所《ところ》なり）

それらは私の身体・言葉・意識によって生じたものであります

一《いっ》切《さい》我《が》今《こん》皆《かい》懺《さん》悔《げ》

（一切《いっさい》我《わ》れ今皆懺悔《いまみなさんげ》したてまつる）

今　その一切を反省し　懺悔いたします

十《じゅう》念《ねん》

「我が名をとなえる者は誰でも極楽浄土に救いとる」と誓われた阿弥陀さまを信じ、心から「南無阿弥陀仏」と十遍繰り返します。九遍めのみ「なむあみだぶつ」ととなえます。

南《な》無《む》阿《あ》弥《み》陀《だ》仏《ぶ》
南《な》無《む》阿《あ》弥《み》陀《だ》仏《ぶ》
南《な》無《む》阿《あ》弥《み》陀《だ》仏《ぶ》
南《な》無《む》阿《あ》弥《み》陀《だ》仏《ぶ》

南《な》無《む》阿《あ》弥《み》陀《だ》仏《ぶ》
南《な》無《む》阿《あ》弥《み》陀《だ》仏《ぶ》
南《な》無《む》阿《あ》弥《み》陀《だ》仏《ぶ》

南《な》無《む》阿《あ》弥《み》陀《だ》仏《ぶ》
南《な》無《む》阿《あ》弥《み》陀《だ》仏《ぶ》
南《な》無《む》阿《あ》弥《み》陀《だ》仏《ぶつ》

開《かい》経《きょう》偈《げ》

仏さまの教えを聞ける機会を得たことを喜び、
その尊い法を身につけられるよう、仏さまにお願いします。

無《む》上《じょう》甚《じん》深《じん》微《み》妙《みょう》法《ほう》

（無《む》上《じょう》甚《じん》深《じん》微《み》妙《みょう》の法《ほう》は）

この上もなく深くすぐれた仏さまのみ教えには

百《ひゃく》千《せん》万《まん》劫《ごう》難《なん》遭《そう》遇《ぐう》

（百千万劫《ひゃくせんまんごう》にも遭《あ》い遇《あ》うこと難《かた》し）

永遠の時を経てもありえないほど　出会うのは難しいことです

我《が》今《こん》見《けん》聞《もん》得《とく》受《じゅ》持《じ》

（我《わ》れ今見聞《いまけんもん》し受持《じゅじ》することを得《え》たり）

私は今　そのみ教えを受けさせていただくことができました

願《がん》解《げ》如《にょ》来《らい》真《しん》実《じつ》義《ぎ》

（願《ねが》わくは如来《にょらい》の真実義《しんじつぎ》を解《げ》したてまつらん）

その真の意味を理解し身につけたいと心から願うものです

仏説無量寿経《ぶっせつむりょうじゅきょう》

四誓偈《しせいげ》

『無量寿経《むりょうじゅきょう》』の一部。仏となってすべての者を救おうと、世自在王如来《せじざいおうにょらい》のみ前で四十八の誓い（四十八願）をたてた法《ほう》蔵菩薩《ぞうぼさつ》が、あらためてその決意を述べ、さらに世自在王如来の功徳を讃えて自らもそうありたいとの意志を表明しています。

＊現代語訳は浄土宗総合研究所編『現代語訳浄土三部経』（浄土宗発行）より。

我建超世願《がごんちょうせがん》　必至無上道《ひっしむじょうどう》

（我《わ》れ超世《ちょうせ》の願《がん》を建《た》つ　必《かなら》ず無上道《むじょうどう》に至《いた》らん）

斯願不満足《しがんふまんぞく》　誓不成正覚《せいふじょうしょうがく》

（斯《こ》の願満足《がんまんぞく》せずんば、誓《ちか》って正覚《しょうがく》を成《じょう》ぜじ）

私（法蔵菩薩のこと）はこれまでこの世にはなかったような　すぐれた誓願を建てた
必ずやこの上ない覚りの境地へと到達したい
これらの誓願がすべて満たされない限りは　完全なる覚りの境地には決して入るまい

我《が》於《お》無《む》量《りょう》劫《こう》　不《ふ》為《い》大《だい》施《せ》主《しゅ》
（我《わ》れ無量劫《むりょうこう》に於《お》いて大施主《だいせしゅ》となって）

普《ふ》済《さい》諸《しょ》貧《びん》苦《ぐ》　誓《せい》不《ふ》成《じょう》正《しょう》覚《がく》
（普《あまね》く諸《もろもろ》の貧苦《びんぐ》を済《すく》わずんば、誓《ちか》って正覚《しょうがく》を成《じょう》ぜじ）

私はたとえ無量劫を経ようとも　恵みを施す大いなる主《あるじ》となり
貧困にもがき苦しむあらゆる人々を　すべてみな救わない限りは
完全なる覚りの境地には決して入るまい

我《が》至《し》成《じょう》仏《ぶつ》道《どう》　名《みょう》声《しょう》超《ちょう》十《じっ》方《ぽう》
（我《わ》れ仏道《ぶつどう》を成《じょう》ずるに至《いた》らば名声十方《みょうしょうじっぽう》に超《こ》え）

究《く》竟《きょう》靡《み》所《しょ》聞《もん》　誓《せい》不《ふ》成《じょう》正《しょう》覚《がく》
（究竟《くきょう》して聞《き》こゆる所《ところ》なくんば、誓《ちか》って正覚《しょうがく》を成《じょう》ぜじ）

私が覚りの境地へ到達した時　仏としての我が名があらゆる世界を超えて響きわたり
その響きがその果てに聞こえなくなるようなことがある限りは
完全なる覚りの境地には決して入るまい

離欲深正念《りよくじんしょうねん》　浄慧修梵行《じょうえしゅぼんぎょう》
（離欲《りよく》と深正念《じんしょうねん》と浄慧《じょうえ》との修梵行《しゅぼんぎょう》をもって）
志求無上道《しぐむじょうどう》　為諸天人師《いしょてんにんし》
（無上道《むじょうどう》を志求《しぐ》して、諸《もろもろ》の天人師《てんにんし》とならん）

欲望から離れ深遠な正しい思念を保ち　清らかな智慧を具え尊い梵行を修め
この上ない覚りの境地を得ようと志して　あらゆる天人や人々を導く師に私はなりたい

神力演大光《じんりきえんだいこう》　普照無際土《ふしょうむさいど》
（神力大光《じんりきだいこう》を演《の》べ、普《あまね》く無際《むさい》の土《ど》を照《て》らし）
消除三垢冥《しょうじょさんくみょう》　広済衆厄難《こうさいしゅやくなん》
（三垢《さんく》の冥《やみ》を消除《しょうじょ》して、広《ひろ》く衆《もろもろ》の厄難《やくなん》を済《すく》い）

世自在王仏よ　あなた様のように仏たる者は　人知を超えた強大な力を用いて大いなる
光を放ち　無限の彼方の世界までことごとく照らし出して
貪《むさぼ》り・瞋《いか》り・愚《おろ》かさという三種の煩悩の闇を取り除き　あらゆる世界のいかなる苦難に
喘《あえ》ぐ人にも救いの手を差し伸べる

開彼智慧眼《かいひちえげん》　滅此昏盲闇《めっしこんもうあん》

(彼《か》の智慧《ちえ》の眼《まなこ》を開《ひら》いて、此《こ》の昏盲《こんもう》の闇《やみ》を滅《めっ》し)

閉塞諸悪道《へいそくしょあくどう》　通達善趣門《つうだつぜんじゅもん》

(諸《もろもろ》の悪道《あくどう》を閉塞《へいそく》して、善趣《ぜんじゅ》の門《もん》に通達《つうだつ》せしむ)

迷い深き者に智慧の眼《まなこ》を開かせたり　視界を遮《さえぎ》る暗黒の煩悩を除いたりする
地獄・餓鬼・畜生の三悪道《さんあくどう》に堕《お》ちていく道を閉ざして
善行によって赴く人々や天人の世界へ通じる門をくぐらせる

功祚成満足《くそじょうまんぞく》　威曜朗十方《いようろうじっぽう》

(功祚満足《くそまんぞく》することを成《じょう》じて、威曜十方《いようじっぽう》に朗《ほが》らかなり)

日月戢重暉《にちがつしゅうじゅうき》　天光隠不現《てんこうおんぷげん》

(日月重暉《にちがつじゅうき》を戢《おさ》め、天光《てんこう》も隠《かく》れて現《げん》ぜず)

仏として具えるべき功徳をすべて具え
その身体から発せられる光はあらゆる世界で輝き
太陽の光も月の光もその輝きに飲み込まれ
神々の光も打ち消されて輝きを失うほどである

為《い》衆《しゅう》開《かい》法《ほう》蔵《ぞう》　広《こう》施《せ》功《く》徳《どく》宝《ほう》
（衆《しゅう》の為《ため》に法蔵《ほうぞう》を開《ひら》いて、広《ひろ》く功徳《くどく》の宝《たから》を施《ほどこ》し）

常《じょう》於《お》大《だい》衆《しゅう》中《じゅう》　説《せっ》法《ぽう》師《し》子《し》吼《く》
（常《つね》に大衆《だいしゅ》の中《なか》に於《お》いて、説法師子吼《せっぽうししく》したもう）

人々のために仏法の蔵を開け放ち　仏の功徳という宝玉《ほうぎょく》を分け隔てなく施し
常に人々の中にあって　獅子が吼えるように雄壮に法を説く

供《く》養《よう》一《いっ》切《さい》仏《ぶつ》　具《ぐ》足《そく》衆《しゅ》徳《とく》本《ほん》
（一切《いっさい》の仏《ほとけ》を供養《くよう》し、衆《もろもろ》の徳本《とくほん》を具足《ぐそく》し）

願《がん》慧《ね》悉《しつ》成《じょう》満《まん》　得《とく》為《い》三《さん》界《がい》雄《おう》
（願慧《がんね》悉《ことごと》く成満《じょうまん》して、三界《さんがい》の雄《おう》となることを得《え》たまえり）

あらゆる世界の仏を供養し　様々な行を修めて功徳を積み
誓願も智慧もことごとく完成させ　迷いの世界の人々を導く師となる

如《にょ》仏《ぶつ》無《む》礙《げ》智《ち》　通《つう》達《だつ》靡《み》不《ふ》照《しょう》

（仏《ほとけ》の無礙智《むげち》の如《ごと》きは、通達《つうだつ》して照《て》らしたまわずということなし）

願《がん》我《が》功《く》慧《え》力《りき》　等《とう》此《し》最《さい》勝《しょう》尊《そん》

（願《ねが》わくは我《わ》が功慧《くえ》の力《ちから》、此《こ》の最勝尊《さいしょうそん》に等《ひと》しからん）

仏が具えている智慧の光というものは　何ものにも妨げられず
あらゆる世界に行きわたり　照らし残すということはない
願わくは私が仏となるからには　功徳と智慧のはたらきは
このような最もすぐれた尊者（最勝尊）と等しくありたい

斯《し》願《がん》若《にゃっ》剋《こっ》果《か》　大《だい》千《せん》応《おう》感《かん》動《どう》

（斯《こ》の願《がん》若《も》し剋果《こっか》せば、大千《だいせん》応《まさ》に感動《かんどう》すべし）

虚《こ》空《くう》諸《しょ》天《てん》人《にん》　当《とう》雨《う》珍《ちん》妙《みょう》華《け》

（虚空《こくう》の諸《もろもろ》の天人《てんにん》当《まさ》に珍妙《ちんみょう》の華《はな》を雨《ふ》らすべし）

こうした誓願が成就するならば　あらゆる世界が揺れ動くように
空に舞う諸々の天人が妙《たえ》なる花を雨降らすように

本誓偈《ほんぜいげ》

ここまで唱えたお経の功徳を、極楽往生のためにふりむけます。

弥陀本誓願《みだほんぜいがん》　極楽之要門《ごくらくしようもん》

（弥陀《みだ》の本誓願《ほんぜいがん》は　極楽《ごくらく》の要門《ようもん》なり）

阿弥陀さまの本願は　人々が阿弥陀さまに救われて
極楽浄土に往生するための肝要な門であります

定散等回向《じょうさんとうえこう》　速証無生身《そくしょうむしょうしん》

（定散等《じょうさんひと》しく回向《えこう》して　速《すみ》やかに無生身《むしょうしん》を証《しょう》せん）

すべての善根功徳をふりむけて
すみやかに生と死を超えた身となろう

十《じゅう》念《ねん》

南《な》無《む》阿《あ》弥《み》陀《だ》仏《ぶ》
南《な》無《む》阿《あ》弥《み》陀《だ》仏《ぶ》
南《な》無《む》阿《あ》弥《み》陀《だ》仏《ぶ》
南《な》無《む》阿《あ》弥《み》陀《だ》仏《ぶ》

南《な》無《む》阿《あ》弥《み》陀《だ》仏《ぶ》
南《な》無《む》阿《あ》弥《み》陀《だ》仏《ぶ》
南《な》無《む》阿《あ》弥《み》陀《だ》仏《ぶ》

南《な》無《む》阿《あ》弥《み》陀《だ》仏《ぶ》
南《な》無《む》阿《あ》弥《み》陀《だ》仏《ぶ》
南《な》無《む》阿《あ》弥《み》陀《だ》仏《ぶつ》

宗祖《しゅうそ》（元祖《がんそ》）法然上人御遺訓《ほうねんしょうにんごゆいくん》

一《いち》枚《まい》起《き》請《しょう》文《もん》

法然上人が臨終（往生）される二日前に遺されたお言葉です。上人のみ教えの肝要がすべて込められているといわれます。

唐土我朝《もろこしわがちょう》に、もろもろの智者達《ちしゃたち》の、沙汰《さた》し申《もう》さるる観念《かんねん》の念《ねん》にもあらず。また学問《がくもん》をして、念《ねん》のこころを悟《さと》りて申《もう》す念仏《ねんぶつ》にもあらず。

私が説く念仏は　中国や日本の多くの学者たちがお説きになっている
心をこらして仏さまのお姿を見奉ろうとする観念の念仏ではありません
また学問をして　念仏の意味を理解してとなえる念仏でもありません

ただ往生極楽《おうじょうごくらく》のためには、南無阿弥陀仏《なむあみだぶつ》と申《もう》して、うたがいなく往生《おうじょう》するぞと思《おも》い取《と》りて申《もう》す外《ほか》には別《べつ》の仔細《しさい》候《そうら》わず。

ただ極楽浄土に往生するためには　南無阿弥陀仏と声に出してとなえること
によって必ず往生するのだと確信して念仏をとなえる以外　何も子細はあり
ません

ただし三心《さんじん》四修《ししゅ》と申《もう》すことの候《そうろ》うは、皆決定《みなけつじょう》して南無阿弥陀《なむあみだ》仏《ぶつ》にて往生《おうじょう》するぞと思《おも》ううちにこもり候《そうろ》うなり。

ただし　三心といわれる心の持ち方　四修といわれる態度は　南無阿弥陀仏と口にとなえれば必ず往生できると思ううちにおのずからそなわるのです

この外《ほか》に奥《おく》ふかき事《こと》を存《ぞん》ぜば、二尊《にそん》のあわれみにはずれ、本《ほん》願《がん》にもれ候《そうろ》うべし。

もし　かりに私がこのほかにさらに奥深いことを知っているというようなことがあるならば　お釈迦さま阿弥陀さまの慈悲の心からはずれ　本願による救いからもれてしまうでしょう

念仏《ねんぶつ》を信《しん》ぜん人《ひと》は、たとい一代《いちだい》の法《ほう》をよくよく学《がく》すとも、一《いち》文不知《もんふち》の愚鈍《ぐどん》の身《み》になして、尼入道《あまにゅうどう》の無智《むち》のともがらに同《おな》じうして、智者《ちしゃ》のふるまいをせずしてただ一向《いっこう》に念仏《ねんぶつ》すべし。

念仏を信じる人は　たとえお釈迦さまの教えをよく学んでいても　自分は経典の一文さえわからないおろかな者と受けとめて　知識のない者と同じように智者ぶったふるまいをしないで　ただひたすらに念仏をするべきです

証《しょう》のために両手印《りょうしゅいん》をもってす。

以上に申し上げたことは私の教えとして誤りがないという証《あかし》のために両手印を押します

浄土宗《じょうどしゅう》の安心起行《あんじんきぎょう》この一紙《いっし》に至極《しごく》せり。

浄土宗の信仰心の持ち方とその実践についてはこの一枚の紙に記したことに尽きます

源空《げんくう》が所存《しょぞん》、この外《ほか》に全《まった》く別義《べつぎ》を存《ぞん》ぜず、滅後《めつご》の邪義《じゃぎ》をふせがんがために所存《しょぞん》をしるし畢《おわ》んぬ。

私（源空／法然上人）が思うところは　これ以外にありません

私の死後　誤った考えが何も出ないように　思うところを記しました

建暦二年正月二十三日《けんりゃくにねんしょうがつにじゅうさんにち》　大師在御判《だいしざいごはん》

建暦二年（一二一二）一月二十三日　源空花押（法然上人の署名と印）

摂《しょう》益《やく》文《もん》

阿弥陀さまの光明はいつも、お念仏をとなえる私たちを照らしています。そのお慈悲を喜び、極楽浄土への想いを深めましょう。

光明《こうみょう》偏照《へんじょう》　十方《じっぽう》世界《せかい》

（如来《にょらい》の光明《こうみょう》は偏《あまね》く十方《じっぽう》世界《せかい》を照《て》らして）

阿弥陀さまの光明は　くまなくすべての世界を照らし

念仏《ねんぶつ》衆生《しゅじょう》　摂取《せっしゅ》不捨《ふしゃ》

（念仏《ねんぶつ》の衆生《しゅじょう》を摂取《せっしゅ》して捨《す》てたまわず）

念仏する人々を　必ず救いとるのであります

念《ねん》仏《ぶつ》一《いち》会《え》

お念仏を繰り返しとなえます。数にきまりはありませんが、なるべく多くとなえるのがよいでしょう。

南《な》無《む》阿《あ》弥《み》陀《だ》仏《ぶ》

南《な》無《む》阿《あ》弥《み》陀《だ》仏《ぶ》

（繰り返しとなえます）

南《な》無《む》阿《あ》弥《み》陀《だ》仏《ぶ》

南《な》無《む》阿《あ》弥《み》陀《だ》仏《ぶ》

南《な》無《む》阿《あ》弥《み》陀《だ》仏《ぶ》

南《な》無《む》阿《あ》弥《み》陀《だ》仏《ぶ》

南《な》無《む》阿《あ》弥《み》陀《だ》仏《ぶ》

南《な》無《む》阿《あ》弥《み》陀《だ》仏《ぶ》

南《な》無《む》阿《あ》弥《み》陀《だ》仏《ぶ》

南《な》無《む》阿《あ》弥《み》陀《だ》仏《ぶ》

南《な》無《む》阿《あ》弥《み》陀《だ》仏《ぶ》

南《な》無《む》阿《あ》弥《み》陀《だ》仏《ぶ》

総《そう》回《え》向《こう》偈《げ》

お念仏の功徳をすべての人々にふり向け、極楽浄土へともに往生できることを願います。

願《がん》以《に》此《し》功《く》徳《どく》　平《びょう》等《どう》施《せ》一《いっ》切《さい》

（願《ねが》わくは此《こ》の功徳《くどく》を以《もっ》て　平等一切《びょうどういっさい》に施《ほどこ》し）

このお念仏の功徳を　有縁・無縁の全ての人々と平等に分かちあい

同《どう》発《ほっ》菩《ぼ》提《だい》心《しん》　往《おう》生《じょう》安《あん》楽《らっ》国《こく》

（同《おな》じく菩提心《ぼだいしん》を発《おこ》して　安楽国《あんらっこく》に往生《おうじょう》せん）

ともに仏を求める心をおこして　西方極楽浄土に生まれたいと私は心から願います

十《じゅう》念《ねん》

南《な》無《む》阿《あ》弥《み》陀《だ》仏《ぶ》
南《な》無《む》阿《あ》弥《み》陀《だ》仏《ぶ》
南《な》無《む》阿《あ》弥《み》陀《だ》仏《ぶ》
南《な》無《む》阿《あ》弥《み》陀《だ》仏《ぶ》

南《な》無《む》阿《あ》弥《み》陀《だ》仏《ぶ》
南《な》無《む》阿《あ》弥《み》陀《だ》仏《ぶ》
南《な》無《む》阿《あ》弥《み》陀《だ》仏《ぶ》

南《な》無《む》阿《あ》弥《み》陀《だ》仏《ぶ》
南《な》無《む》阿《あ》弥《み》陀《だ》仏《ぶ》
南《な》無《む》阿《あ》弥《み》陀《だ》仏《ぶつ》
・・・

総《そう》願《がん》偈《げ》

自分自身も仏となるための誓いを述べ、お念仏の功徳によってみな共々に極楽へ往生し、仏の道を歩めますようにと願います。

衆《しゅ》生《じょう》無《む》辺《へん》誓《せい》願《がん》度《ど》

（衆生《しゅじょう》無《む》辺《へん》なれども誓《ちか》って度《ど》せんことを願《ねが》う）

生きとし生けるものは数えようもなく多くても　それらすべてのものをさとりの彼岸に到達させることを誓い願います

煩《ぼん》悩《のう》無《む》辺《へん》誓《せい》願《がん》断《だん》

（煩悩《ぼんのう》無《む》辺《へん》なれども誓《ちか》って断《だん》ぜんことを願《ねが》う）

わずらい・悩み・迷いは限りなくても　それらを断ち切りたいと誓い願います

法《ほう》門《もん》無《む》尽《じん》誓《せい》願《がん》知《ち》

（法門《ほうもん》無《む》尽《じん》なれども誓《ちか》って知《し》らんことを願《ねが》う）

み仏の教えは数え尽くせないほど多くても　これを知り理解したいと誓い願います

無《む》上《じょう》菩《ぼ》提《だい》誓《せい》願《がん》証《しょう》（無《む》上《じょう》菩《ぼ》提《だい》誓《ちか》って証《しょう》せんことを願《ねが》う）

さとりの道はこの上もなく遠いものであっても　必ずそれを体得すると誓い願います

自《じ》他《た》法《ほう》界《かい》同《どう》利《り》益《やく》（自《じ》他《た》法《ほう》界《かい》利《り》益《やく》を同《おな》うし）

生きとし生けるものすべてが　自分も他人も等しくご利益を得て

共《ぐ》生《しょう》極《ごく》楽《らく》成《じょう》仏《ぶつ》道《どう》（共《とも》に極《ごく》楽《らく》に生《しょう》じて仏《ぶつ》道《どう》を成《じょう》ぜん）

ともに極楽に生まれて　仏道を完成させましょう

三《さん》唱《しょう》礼《らい》

「南無阿弥陀仏」を三遍、節をつけて計九遍となえます。
＊この「三唱礼」か次の「三身礼」のいずれかを唱えます。

南《な》無《む》阿《あ》弥《み》陀《だ》仏《ぶ》
南《な》無《む》阿《あ》弥《み》陀《だ》仏《ぶ》
南《な》無《む》阿《あ》弥《み》陀《だ》仏《ぶ》

南《な》無《む》阿《あ》弥《み》陀《だ》仏《ぶ》
南《な》無《む》阿《あ》弥《み》陀《だ》仏《ぶ》
南《な》無《む》阿《あ》弥《み》陀《だ》仏《ぶ》

南《な》無《む》阿《あ》弥《み》陀《だ》仏《ぶ》
南《な》無《む》阿《あ》弥《み》陀《だ》仏《ぶ》
南《な》無《む》阿《あ》弥《み》陀《だ》仏《ぶ》

三身礼《さんじんらい》

西のかなたにある極楽浄土にいらっしゃる阿弥陀さまの、大きな三つの特徴を讃えます。

南無《なむ》西方《さいほう》極楽《ごくらく》世界《せかい》本願《ほんがん》成就《じょうじゅ》身《しん》阿弥陀仏《あみだぶ》

(西方極楽世界《さいほうごくらくせかい》の本願成就身阿弥陀仏《ほんがんじょうじゅしんあみだぶつ》に南無《なむ》す)

西方極楽世界にましまして　本願を成就された御身の阿弥陀仏に帰依《きえ》いたします

南無《なむ》西方《さいほう》極楽《ごくらく》世界《せかい》光明《こうみょう》摂取《せっしゅ》身《しん》阿弥陀仏《あみだぶ》

(西方極楽世界《さいほうごくらくせかい》の光明摂取身阿弥陀仏《こうみょうせっしゅしんあみだぶつ》に南無《なむ》す)

西方極楽世界にましまして　光明によって救いとってくださる御身の阿弥陀仏に帰依いたします

南無《なむ》西方《さいほう》極楽《ごくらく》世界《せかい》来迎《らいこう》引接《いんじょう》身《しん》阿弥陀仏《あみだぶ》

(西方極楽世界《さいほうごくらくせかい》の来迎引接身阿弥陀仏《らいこういんじょうしんあみだぶつ》に南無《なむ》す)

西方極楽世界にましまして　臨終には　来迎し　極楽に導いてくださる御身の阿弥陀仏に帰依いたします

送《そう》仏《ぶつ》偈《げ》

おつとめをするにあたっておいでいただいた仏さまをお送りし、また私たちの毎日をお守りくださるようお願いしましょう。

請《しょう》仏《ぶつ》随《ずい》縁《えん》還《げん》本《ぽん》国《ごく》

（請《こ》うらくは仏《ほとけ》　縁《えん》に随《したが》って本国《ほんごく》に還《かえ》りたまえ）

仏さまにお願いいたします　それぞれご縁にしたがって浄土へお帰りください

普《ふ》散《さん》香《こう》華《け》心《しん》送《そう》仏《ぶつ》

（普《あまね》く香華《こうけ》を散《さん》じ　心《こころ》に仏《ほとけ》を送《おく》りたてまつる）

香を薫じ　花を散じつつ　心から仏さまをお送りいたします

願《がん》仏《ぶつ》慈《じ》心《しん》遙《よう》護《ご》念《ねん》

（願《ねが》わくは仏《ほとけ》の慈心《じしん》　遙《はる》かに護念《ごねん》したまえ）

願わくは仏さまの慈悲のみ心をもって　遠くからでも私たちをお守りください

同《どう》生《しょう》相《そう》勧《かん》尽《じん》須《しゅ》来《らい》

（同生相勧《どうしょうあいすす》む　尽《ことごと》く須《すべか》らく来《き》たるべし）

浄土に生まれた方々は　私たちにも必ず浄土に生まれよと勧めていらっしゃいます

十《じゅう》念《ねん》

（低声十念）

自分の耳に聞こえる程度の小さい声でお念仏を十遍となえます。

南《な》無《む》阿《あ》弥《み》陀《だ》仏《ぶ》
南《な》無《む》阿《あ》弥《み》陀《だ》仏《ぶ》
南《な》無《む》阿《あ》弥《み》陀《だ》仏《ぶ》
南《な》無《む》阿《あ》弥《み》陀《だ》仏《ぶ》

南《な》無《む》阿《あ》弥《み》陀《だ》仏《ぶ》
南《な》無《む》阿《あ》弥《み》陀《だ》仏《ぶ》
南《な》無《む》阿《あ》弥《み》陀《だ》仏《ぶ》

南《な》無《む》阿《あ》弥《み》陀《だ》仏《ぶ》
南《な》無《む》阿《あ》弥《み》陀《だ》仏《ぶ》
南《な》無《む》阿《あ》弥《み》陀《だ》仏《ぶつ》

浄土宗宗歌　月かげ

法然上人御作

月かげの　いたらぬさとは　なけれども

ながむる人の　心にぞすむ

＊解説は14ページに。

第5章

宗祖法然上人

——伝記でたどるご生涯

山陽方面に出かけるなら、是非とも訪ねてほしい所があります。法然上人の生地に建つ、誕生寺《たんじょうじ》です。岡山駅で新幹線を降り、ＪＲ津山線の普通列車に乗り換えて北上することおよそ一時間、誕生寺駅に到着します。田園が広がる山間の鄙《ひな》びた無人駅で、昔の国鉄時代を思わせるレトロで小さな駅舎は旅情をかきたてます。あたりの閑静な住宅街を抜け北に向かって歩き、途中で道路標識に従い左折、線路の下をくぐると念仏橋がありますこれが橋かというほどの小さなものですが、生地へ向かう途次にふさわしい名前です。静かな町並みを通り過ぎると、駅名の由来となった栃社山《とちこそざん》誕生寺の門前にたどり着きます。

今から九百年ほど前、この辺りにはどのような光景が広がっていたのでしょう。家並みの様子はもちろん今と異なるにしても、周囲の山々や田園の景色はそれほど変わらないかもしれません。この地に生まれ、のどかな光景を見て育った男の子が、新しい浄土宗の教えを打ち立てて仏教界に新風を吹き込み、悩める人びとに慈しみと救いをもたらします。一体そこには、どのような人間模様と時代背景があるのでしょう。本章では、宗祖法然上人の誕生から入滅までの歩みを見ていきます。

その前に、伝記について少し説明しておきます。偉人の生涯は伝記によって後世に伝えられますが、上人ほど数多くの伝記が作られた方はいません。漢文だけの堅《かた》いものから和文に絵を交えた絵詞《えことば》形式のものまで、いく種類も作られて広まり、人びとに読み継がれました。そのうち総本山知恩院蔵の国宝『法然上人行状絵図《ほうねんしょうにんぎょうじょうえず》』四十八巻は、浄土宗でもっとも重んじるものです。鎌倉時代の終わり近く、傑出した文才の持ち主、舜昌法印《しゅんじょうほういん》によって編まれました。それまでの伝承や伝記を集めて取捨選択し、四十八巻もの絵巻物にまとめあげたもので、上人の数ある伝記の中でも最大規模です。そこで、主にこれにもとづき、他の伝記も参照しながらご生涯をたどります。（文中、「伝記によれば…」という記載は『法然上人行状絵図』を指します）

◉誕生と父の遺言――仏門へ

誕生寺は現在の岡山県久米郡久米南町《くめぐんくめなんちょう》にあり、一帯は山あいの静かな農村地帯です。昔の地名でいえば美作国久米南条稲岡庄《みまさかのくにくめなんじょういなおかしょう》。話は平安時代後期にさかのぼります。この地の豪族漆間時国《うるまのときくに》は、謀反人《むほんにん》や犯罪者を捕えることを仕事とする押領使《おうりょうし》という地域の有力者で、まじめな働きぶりから地元の厚い信頼を得ていました。その妻は秦氏《はたうじ》出身で、名が明らかでなくそのまま秦氏と呼び習わされます。

二人は子どもに恵まれないことに悩んで、近くの岩間山本山寺《いわまやまほんざんじ》の観音さまに祈りを捧げたところ、秦氏は剃刀《かみそり》をごくりと飲み込む夢を見て懐妊します。それを知った時国は、「その子はいずれ戒師になるだろう」と告げたといいます。聞くだけでゾクッとしそうな話ですが、法然上人は長じて天台宗の戒律（円頓戒《えんどんかい》）を人びとに授ける立場となります。その作法では受者の頭に剃刀をあてることから、それを暗示した逸話なのでしょう。

長承二年（１１３３）四月七日、こうして二人の間に男子が誕生します。伝記によれば、生まれるとき、空から二本の白い幡《はた》が舞い降りて館内の椋《むく》の木にかかり、再び空へ飛び去っていきました。人びとは不思議なことだと感心し、「両幡《ふたはた》の椋の木」と名づけます。年月を経てそ

誕生寺。右手は勢至丸が比叡山への旅立ちの際、菩提寺から杖としてきたいちょうの枝を逆さに挿したところ、伸びたとされるいちょう。枝は本来、根であるという。

の椋の木が倒れても根本からはよい香りが漂うので、ここに寺院を建てて拝んだといいます。これが誕生寺のはじまりで、建てられたのは鎌倉時代と考えられます。それ以来、法然上人生誕地のメモリアルとして尊崇され、日々、参詣者が絶えません。

生まれた子どもは勢至丸《せいしまる》と名づけられ、漆間家の跡継ぎとして育てられました。地方豪族らしく暮らし向きはそれなりに豊かで、近所の子らと竹馬をまたいで駆け回る元気な少年時代を過ごします。その一方、なにかにつけ西側の壁と向き合う癖があったそうです。

当時、寺院や貴族の経済を支えていたのは全国に広がる荘園です。その支配権や利害をめぐり各地で衝突が絶えないなか、漆間一家にも紛争の波が押し寄せます。時国は、中央の領主の意を受け稲岡荘を管理していた預所《あずかりどころ》という役にある明石定明《あかしさだあきら》と仲がよくありません。時国が面会を拒むこともあったらしく、対立は深まるばかりです。ついに定明は意を決し、夜討ちをかけて漆間一家を襲います。保延七年（1141）、勢至丸九歳のときです。

漆間家の館に押し入った定明の軍勢は、不意を突かれた時国や郎党に襲いかかります。館のあちこちで凄惨な戦闘がくり広げられ、その光景は言いようもありません。あわてて奥の部屋に逃げ隠れた勢至丸は隙間からあたりをうかがい、庭先で矢をつがえて立つ定明をめがけ、チャンスとばかり小さな矢を放ち眉間に命中させます。少年ながらの武勇は周囲を驚かせ、「小《こ》矢児《やちご》」とあだ名されたそうです。

深手を負った父・時国は息をひき取る直前、勢至丸に遺言します。

「敵を恨んではならない。かたき討ちをすれば、その子がお前を恨んで同じことがくり返される。出家して父の菩提《ぼだい》を弔《とむら》え」

わが子に求めたのは、かたき討ちでも漆間家の再興でもありません。恨みの連鎖を断ち切り、仏門に入って静かに菩提を弔うことです。勢至丸は遺言を重く受け止め、その意向に沿った進路を歩んでいきます。とはいえ、敵襲で父親の死を目のあたりにするのは衝撃的すぎます。その惨劇は脳裏に焼き付かざるを得ません。勢至丸が仏門に入るのは、こうした過酷な体験を契機としたのです。

なお、時国の死によって漆間一族そのものが絶えたわけではありません。平安時代から鎌倉・南北朝時代にわたり、漆間一族は美作地方において勢力をもち続けます。勢至丸が比叡山へ登り当地を去ったあとも、いくつかの支流に分かれ長らく栄えました。

◉天台僧として――出家から隠遁へ

父を失った子どもに、どのような未来が待ち受けているのでしょう。勢至丸は、母の血縁を頼って天台宗の「菩提寺」という寺の観覚得業《かんがくとくごう》のもとに預けられます。岡山県と鳥取県の県境をなす那岐山《なぎさん》の中腹、標高六百メートルほどのところに菩提寺はあります。当時の天台宗では、人里離れた山中で修行し特別な力を得ようとする山岳仏教が盛んでした。巨大な菩提樹があったのが寺号のいわれで、立派な七堂伽藍《しちどうがらん》を備えていたと伝えます。現在、往時の姿は偲《しの》ぶべくもありませんが、法灯《ほうとう》は再建された本堂でしっかりと守られています。

観覚は秦氏の弟で、勢至丸の叔父にあたります。比叡山で修行し、南都（奈良）で得業という学位を得た後、菩提寺の院主を務めていました。得業となるのに少し年月を要したので「ひさしの得業」と呼ばれたそうです。

仏門へすすむのは父の遺言によるとはいえ、惨劇の記憶が生々しいなか生家を離れ山奥で暮らす不安は、はかり知れません。強い空寂《くうじゃく》感に襲われ、人里へ戻りたい衝動に駆られたのではないでしょうか。勢至丸はこうした境遇から僧侶の道を歩み始めます。出家はまだなので、有髪《うはつ》の童子《どうじ》姿のまま学習や作務《さむ》にはげみました。

先の見えない山奥の修行にも、ようやく光がさしてきます。勢至丸が並の子なら、ここにとどまり観覚の跡を継いだかもしれません。しかし、有為《ゆうい》な人材を地方に埋もれさせるのは大きな損失です。それを惜しんだ観覚は、勢至丸を延暦寺へ送り出すことにします。勢至丸も都への期待を膨らませるあまり、別れを悲しむ母をみずから説得したといいます。久安三年（1147）十五歳のとき（一説では十三歳）、美作をあとに一路京都へ向かいました。

天台宗の総本山延暦寺は、平安時代のはじめ伝教大師《でんぎょうだいし》最澄《さいちょう》（766〈一説に767〉–822）によって比叡山に創建されました。山上の堂舎は三塔（東塔《とうとう》・西塔《さいとう》・横川《よかわ》）と呼ばれる三つの地域に分かれて点在し、さらにこまかく十六谷の地区に分かれます。あわせて三塔十六谷と呼ばれ、谷々では経典の講義や厳しい修行が営まれます。そして、朝廷や貴族の求めに応じて仏事・祈禱を行い、世の中の平和や繁栄を祈るのが重要な役割でした。

勢至丸が託されたのは、西塔北谷の持宝房源光《じほうぼうげんこう》です。観覚から源光への手紙には、「進上大聖文殊像一体《だいしょうもんじゅ》」と書いてあるだけですが、文殊菩薩のように智恵あふれる少年がやってきたのだとすぐに察します。経典を読ませてみると、次々と要所を言い当てるではありませんか。源光はしかるべき碩学《せきがく》に学ばせたほうがよい、と皇円《こうえん》のもとへ連れていきます。

肥後阿闍梨《ひごのあじゃり》と呼ばれた皇円（?－1169）は、東塔西谷にある功徳院《くどくいん》というお寺の僧侶です。粟田関白《あわたのかんぱく》といわれた藤原道兼《みちかね》の子孫で、天台宗の教えに通じています。『扶桑略記《ふそうりゃっき》』という歴史書を編纂したとされますが、明らかではありません。

皇円のもとに入室後、やがて勢至丸は髪を剃り落とし、延暦寺戒壇院《えんりゃくじかいだんいん》で戒律を授けられ、正式な天台宗の僧侶となります。比叡山へ登った同年のことです。出家したからには僧侶の名が与えられたはずですが、なぜかそれがはっきりしません。一部で伝記には円明房善弘《えんみょうぼうぜんこう》という名を付けられたと伝えますが、確かではありません。そこで、もうしばらく勢至丸と呼んでいきましょう。

　勢至丸が僧侶となったのは、父の菩提を弔い静かに仏法を学ぶためです。出家を果たした今、山中へ隠遁《いんとん》しそのこころざしを遂げたい旨を皇円にうち明けると、その前に天台宗の教えをきちんと勉強するよう指示されます。そこで勢至丸は、天台宗における主だった三つの典籍（『法華玄義《ほっけげんぎ》』『法華文句《ほっけもんぐ》』『摩訶止観《まかしかん》』）を読んで天台宗の素養をしっかり身につけます。

　当時、朝廷や貴族の邸宅では、追善仏事のため僧侶同士が仏教の教えについて論じあうことがよく行われました。一方が問いを発し、もう一方が答える形式で何回かの問答をくり返すもので、論義《ろんぎ》といいます。このような場で実績を積み、律師《りっし》・僧都《そうず》や法《ほう》

剃髪する勢至丸。（国宝『法然上人行状絵図』巻３　知恩院蔵）

印《いん》などの位を得ていったのです。皇円はそのような道に進むことを勢至丸に期待したのか、「学問にはげんで、天台宗の指導者をめざすように」と諭したといいます。しかし、栄達や昇進のための仏法は、勢至丸の関心事ではありません。このままでは初心が貫徹できないと、久安六年（１１５０）十八歳のとき、皇円のもとを辞し西塔黒谷《くろだに》の慈眼房叡空《じげんぼうえいくう》のもとへ移ります。

黒谷は比叡山でも奥まったところにある幽谷《ゆうこく》の地です。僧侶が集う東塔の根本中堂《こんぽんちゅうどう》あたりの喧騒《けんそう》が嘘かと思えるほど静かな、聖域ともいえる場所で、仏道を究《きわ》めるにはうってつけです。叡空は黒谷の遁世僧《とんせそう》で、有徳《うとく》の上人としてその名が知られていました。そこへたどり着いた勢至丸は、隠遁の望みを切々とうち明けます。叡空はひたむきな青年僧のこころざしを読み取り、若くしてそのような気持ちを自然に起こすとは、まさに「法然道理《ほうねんどうり》のひじり」だと感激し、「法然房《ほうねんぼう》」という房号を与えます。さらに「源光」と「叡空」から一字ずつ取って、実名を「源空《げんくう》」と命名しました。

出家のときは不明であったものが、このときはっきりとした僧名が与えられます。そして、度々改名することが珍しくなかった当時の仏教界において、生涯、この僧名で通すことになります。黒谷での生活は厳しく辛いものでしたが、これまでとは違い溌剌《はつらつ》とした感覚で学問や修行に取り組むことができました。天台宗はもちろんのこと、広く諸宗の教えを学ぶことに余念がありません。

ところで、遁世あるいは隠遁とはどのような立場なのでしょう。平安中期ころから仏教界の世俗化がすすむ一方、華やかな寺院社会から離れて山中へ入り、修行や学問にはげむ僧侶が現れます。出家者が真の仏道を新たに求めるのです。栄達や立身出世にこだわらず僧都・僧正などの官位とは無縁であった彼らは、上人または聖人《しょうにん》と呼ばれました。延暦寺の中心から離れた黒谷は、そのような修行者が集う別所の一つです。法然上人あるいは黒谷上人と呼ばれるようになったのは、黒谷を本拠とする遁世の上人になったからなのです。

◉求道の遍歴——学匠歴訪と黒谷での葛藤

保元元年（1156）、時代は大きな転換期を迎えます。院政を敷いた鳥羽院が亡くなると、天皇家や摂関家の争いがからんだ保元の乱が勃発します。さらに平治の乱や源平合戦が次々とおこり、権力はめまぐるしく移り変わります。

時代の変化を肌で感受しながらも、ひたむきな修行は続きます。この年、二十四歳になっていた法然上人は比叡山を下り、求法《ぐほう》のため奈良、京都の名僧を訪ね歩きます。それに先立ち、洛西嵯峨《らくせいさが》の清涼寺《せいりょうじ》（釈迦堂）に参籠《さんろう》しました。当時の人びとは、何かの願望や目的を抱いたとき、神仏に実現の成否を問うため寺社へよく参籠しました。これからの先行きを神仏の意思を通して占い、託宣《たくせん》・夢告《むこく》を得ようとしたのです。清涼寺の本尊は、平安時代中期に東大寺の僧奝然《ちょうねん》が中国・宋より請来《しょうらい》した三国伝来の釈迦像です。生身《しょうじん》の釈迦を模したという由緒から、都の人たちの情熱的な信仰を集めました。実際に昭和時代の調査で、布で作られた五臓六腑が胎内より発見され話題となりました。上人は求法の成就を釈迦像に問うたのです。

七日間の参籠を終え、歴訪の旅へ出発します。まず奈良・興福寺の蔵俊僧都《ぞうしゅんそうず》を訪ねます。彼が専門とする法相宗《ほっそうしゅう》の教えについて質問すると、蔵俊は答えに詰まりがちです。上人の意見をしばらく聞いた後、その見識の深さに感銘するあまり、弟子となることを申し入れます。そして毎年、供養の品を送りとどけたといいます。教えを請いに行ったはずが、逆に頭を下げられたのです。次に京都・醍醐寺の寛雅権律師《かんがごんりっし》を訪ね、上人は三論宗《さんろんしゅう》について自説を述べます。さらに仁和寺《にんなじ》の慶雅法橋《けいがほっきょう》を訪問し、真言宗や華厳宗《けごんしゅう》について意見を述べました。いずれの学匠も上人の学識に感服するばかりです。その上、世の中には「智慧《ちえ》第一の法然房」

という噂が広まります。しかし、そのように取り沙汰されても、上人は何も誇らしいことなどありません。迷いの世界から救われる方法について、学匠からはなんの教示も得られません。肝心のことがわからないのです。残念なことに求法の旅から期待した成果は得られませんでした。そのためか伝記には、参籠で夢告を得たとは記されていません。黒谷へ戻った上人の葛藤と模索は続きます。

このような苦しい状況の中でも、周囲には新しい修行仲間ができます。保元二年（1157）、叡空のもとへ権中納言《ごんちゅうなごん》葉室《はむろ》顕時《あきとき》の孫・法蓮房信空《ほうれんぼうしんくう》（1146-1228）が入室します。叡空と顕時の師檀関係によるものです。上人と信空は先輩と後輩の間柄となり、膝を交えては仏法を学び、時にはお互いの理想を語り合いました。

叡空は天台宗に代々伝わる戒律（円頓戒）の法脈を受け継いでいます。当時の貴族は病気や臨終間際によく出家したのですが、そうするには戒師から戒律を授けてもらわねばなりません。叡空は貴族社会の中で戒師として広く活躍しました。そして上人と信空の器量を認め、両人に戒律の法脈を授けて戒師としての立場を継承させます。上人が九条兼実《くじょうかねざね》やその娘宜秋門院《ぎしゅうもんいん》、あるいは藤原実宗らに授戒したのは叡空の立場を継いだからです。

また、比叡山時代からの弟子に真観房感西《しんかんぼうかんさい》（1153－1200）がいます。承安元年（1171）、十九歳で上人に弟子入りし、『選択本願念仏集《せんちゃくほんがんねんぶつしゅう》』（『選択集』）撰述の際には代筆役を勤めます。正治二年（1200）、師に先立って亡くなると、上人は「私を残していくのか」と悲しんだといいます。信空や感西は早くから苦楽をともにした間柄です。

上人は叡空から戒律の法脈を受け継ぐ一方、正しいと思うことは師に対しても躊躇《ちゅうちょ》せず主張しました。一口に念仏といっても、心に仏の姿や極楽のありさまを顕現《けんげん》させる観想《かんそう》念仏と、口に「南無阿弥陀仏《なむあみだぶつ》」ととなえる称名《しょうみょう》念仏があります。当時は一般に、観想念仏のほうが称名念仏より高度で勝《すぐ》れた行だと見なされていました。

伝記に興味深いエピソードが見えます。あるとき、観想と称名の優劣をめぐり師弟間に口論がおこります。観想が勝れているという叡空に対し、上人は称名こそ勝れると主張し一歩も引きません。ムカッときた叡空は、木枕《きまくら》（下駄とも）で上人を叩いたそうです。

常識に疑問を呈するのは勇気が必要です。「観称勝劣論争《かんしょうしょうれつ》」と呼ばれるこの話には、真理の探究のためには師に立ち向かうことさえ辞さない法然上人の気概があふれています。思うに黒谷の修行生活は、上人にとっては自分探しの期間ではなかったでしょうか。この先にあるのが光か闇かもわからず、周囲と葛藤をくり返しながら求めるところを探りあててゆく――。黒谷でもがいた日々は無駄にはならず、次につながってゆきます。

◉善導大師との邂逅《かいこう》――本願念仏の確信

法然上人は迷いの世界から離れる方法が見つからず、心落ち着かない心境です。仏道修行の基本は戒《かい》・定《じょう》・慧《え》（三学《さんがく》）にあるとされます。すなわち、生活規範を守る戒律、精神を統一する禅定、物事の真実を見極める智慧の獲得です。しかし、禅定一つ取っても、心が散り乱れて精神統一にはとても及びません。

自分は心乱れる凡夫《ぼんぶ》ではないか。自分だけではない、皆が凡夫であり、凡夫こそが人間の本来のありさまではないのか。三学が修められずとも救われる教えはないのか。この末法《まっぽう》を生きる凡夫が迷いの世界から脱け出す方法はないのか――。上人の頭は疑問でいっぱいでした。

焦燥感をつのらせ一切経《いっさいきょう》を収めた黒谷の報恩蔵《ほうおんぞう》に籠《こも》り、経典類を読みふける日々が続きます。仏教には数多くの経典があります。一切経はそれらを一セットにまとめた経典全集です。しかし、いろいろな経典に目を通しても、問題の解決につながるものは見つかりません。「昨日もいたずらに暮れた、今日もむなしく過ぎるのか」という空虚さを味わうこと、一度や二度ではありません。

そうした中で手にしたのは、天台宗の先徳、恵心僧都源信《えしんそうずげんしん》（942-1017）の『往生要集《おうじょうようしゅう》』です。平安時代に盛りあがった浄土信仰を教理的に根拠づけた大作で、極楽往生を願う人びとに広く愛読されました。『往生要集』を素直に読めば、観想念仏を勧めているのは明らかです。ところが上人はそうは読み取りません。『往生要集』の真意は称名念仏を勧めることにある、そう見抜いたのです。

さらに、『往生要集』には善導大師《ぜんどうだいし》の『往生礼讃《おうじょうらいさん》』が引用されています。その文には、「念仏によって十人は十人とも、百人は百人とも、誰もが往生できる」と書いてあります。ここに目がとまります。念仏であらゆる人が往生できると断定してあるではないか。そう断じた善導とは、どのような方なのか。直接書物を読んで確かめねば——。上人は胸の高まりをおさえることができません。『往生要集』に導かれ、関心は善導へと深まってゆきます。

善導大師（613-681）は中国唐時代の初めごろ、長安を中心に活躍した方で、『観無《かんむ》量寿経《りょうじゅきょう》』を学んで本願念仏や凡夫往生の教えを広めました。中国の伝記によれば、『阿弥陀《あみだ》経《きょう》』を数万巻（十万巻とも）書写して人びとに与えたり、多くの浄土変相図《へんそうず》（経典に示される仏国土のありさまを絵画として表現したもの）を描いたとされます。学識と文才にすぐれ、『観経疏《かんぎょうしょ》』四巻、『法事讃《ほうじさん》』二巻、『往生礼讃』一巻、『観念法門《かんねんほうもん》』一巻、『般舟讃《はんじゅさん》』一巻を著しています。合わせて五部九巻《ごぶくかん》と総称され、いずれも浄土教にかかわる書物です。とくに重要なのは『観無量寿経』を注釈した『観経疏』です。

さて、法然上人は期待に胸を膨らませ、善導の書物を探し求めてあちらこちらを巡ります。『観経疏』は比叡山では流布していなかったらしく、どこで得たか定かではありませんが、苦労の末、なんとか入手できました。一説では宇治の平等院で見出したとされます。

黒谷へ戻り、心を落ち着けて繙《ひもと》きます。二回、三回と読み返すと、末尾近くの文に気づきます。

「一心《いっしん》に専《もっぱ》ら弥陀の名号《みょうごう》を念じて、行住坐臥《ぎょうじゅうざが》に時節《じせつ》の久近《くごん》を問わず、念念《ねんねん》に捨てざる者、これを正定《しょうじょう》の業《ごう》と名づく、かの仏の願に順ずるが故に」

念仏で間違いなく往生できる理由が、明示されているではありませんか。どのようなときであろうと、時間の長短にかかわりなく、ただ一心に念仏をとなえ続けることは、阿弥陀仏の本願にかなっている。この一文が魂を揺さぶったのです。すべての人が念仏によって往生できる根拠は明らかです。念仏をとなえることは、極楽の主宰者たる阿弥陀仏の本願の意思に従った行為なのです。上人は専修《せんじゅ》念仏というあらたな立場を確信します。それは仏教観の内的転換でもあることから、回心《えしん》と表現されます。承安五年（１１７５）の春、四十三歳の出来事です。一般に、このとき浄土宗が開かれたと見られています。

回心の直後頃、眠りについたある日、夢に善導が現れます。しかもその姿は、上半身は通常の僧形《そうぎょう》、下半身は金色に輝き、まるで仏さまのようです。善導は法然上人に語りかけます。

「あなたは専修念仏を弘めようとしている、だから私はあなたの前に現れたのだ」と。

この時代、夢の中で神仏が真実を語りかけてくると信じられました。上人もこの夢によって専修念仏が善導の真意にかなうことを確信し、人びとへの布教に踏み出します。これ以後、ご自身の修行も他者への布教も念仏で貫いたのです。夢の中における善導との出会いは、二祖対面と呼ばれます。浄土宗寺院に参詣すると、墨染《すみぞめ》姿の法然上人と、半金色《はんこんじき》姿の善導大師が本堂にお祀《まつ》りされています。それはこの夢中《むちゅう》での対面に由来するのです。

布教を決意したからには、もはや比叡山にとどまる気持ちはありません。山を下りて最初に移り住んだのは広谷《ひろだに》という所です。現在、その地名は残りませんが、京都府長岡京市にある西山《せいざん》浄土宗の総本山光明寺付近と推定されます。ここへ移ったのは遊蓮房円照《ゆうれんぼうえんしょう》（藤原是憲《これのり》）に出会うためだとされます。円照は平治の乱後出家し、広谷に籠って念仏三昧《ざんまい》に没頭しました。回心直後の上人にとって、円照との出会いは自分の立場を確かめる上で大きな意義があったと考えられます。

広谷に住んだのは短い間で、まもなく東山の吉水に移住します。現在の総本山知恩院の場所です。その住まいは広谷の庵室を移し増築したもので、「吉水《よしみず》の草庵《そうあん》」または「吉水の禅房《ぜんぼう》」などと呼ばれます。現在の知恩院境

内は広大です。この広い敷地のどこに草庵があったのかはよくわかりません。御影堂あたりとか大鐘楼南の時宗・安養寺あたりではないかと推定されています。四十三歳以後、ここを主な拠点にいよいよ布教が開始されます。

◉大原談義――他宗との討論

吉水は京都市街から離れておらず、近くには祇園社や長楽寺、壮大華麗な伽藍の六勝寺があり、大勢の人が行き交います。最初の頃は人が訪ねてくる折々に布教する平穏な生活でしたが、それでも新しい教えを説き始めたことは噂となって広まります。法然上人の庵室には、ぜひ教えを聞きたいという人たちが、

二祖対面。左が善導大師、右が法然上人。（国宝『法然上人行状絵図』巻7　知恩院

ひきも切らず訪れるようになります。

やがて他宗派へ教えを表明する機会が訪れます。比叡山の北西山麓の大原は、周囲を山々に囲まれた静かな地域です。ここは浄土教を信仰する人びとが隠棲して集まったところで、黒谷と同じように別所《べっしょ》（本拠の寺院とは別に、修行のためなどに設けた場所）として知られています。仏教界で活躍していた天台宗の顕真《けんしん》は、寺院間の争い事をきっかけに大原に籠りましたが、迷いの境地から離れる方法が定まりません。そうした中、上人の評判を聞いて教えを請うことにします。

二人は比叡山の上り口にある西坂本（京都市左京区修学院付近）で面会します。顕真の問いかけに上人は、阿弥陀仏の本願力をひたすらたよりとすれば誰もがお念仏で往生できることを強調しました。しかし、顕真には上人の考えが一本気すぎるように映り、納得するには至りません。しばらく浄土教を勉強した後、再び上人を大原に招いて討論会を開催します。これが大原談義あるいは大原問答と呼ばれるものです。文治二年（1186）秋のことで、伝記によると開催場所は勝林院《しょうりんいん》であったとされます。

会場では顕真と上人のほか、参加した僧たちがふた手に分かれて座りました。討論されたの

大原問答。一同が念仏をとなえ、行道をしている。
（国宝『法然上人行状絵図』巻14　知恩院蔵）

は、この世でさとりをめざす聖道門《しょうどうもん》と、極楽往生をめざす浄土門《じょうどもん》の教えについてです。上人は後に大原談義のことを、「法門くらべには牛角《ごかく》の論にて事切れず、機根《きこん》くらべには源空勝ちたりし也」と回顧しています。聖道門と浄土門の教えの優劣という点での議論は五分五分でしたが、人間の能力（機根）を基準にそれぞれの有効性を考えると浄土門がまさります。つまり、末法時代となり人間の能力が衰えた今、浄土門こそが有効な教えだというわけです。

納得がいった顕真は、喜びのあまりお念仏をとなえて行道を始めると、他の僧らも一緒になってお念仏をとなえ、それが三日間も続いたといいます。山の木々があざやかな色を織りなす大原の里も、このときばかりはお念仏の色に染まったことでしょう。

大原談義は自己の所信を公表する場となりましたが、文治六年（1190）五十七歳のとき、さらに多くの面前で浄土宗の立場を表明します。奈良の東大寺大仏さまの前で三日間にわたり浄土三部経を講義したのです。

◉東大寺講説 ―― アウェーで浄土宗の教えを説く

東大寺は治承四年（1180）十二月、平清盛の命を受けた平重衡《たいらのしげひら》の南都焼討ちにより伽藍の大半が焼け落ちました。その後の再建事業で、朝廷から全体を取り仕切る大勧進職に任命されたのが重源です。醍醐寺や高野山で修行し、宋にも渡って仏教を学んだ僧です。再建は国家規模の公共事業ともいうべきもので、物事の段取りや人を束ねることに長けた者が任命されます。伝記によれば、朝廷は法然上人に勧進職《かんじんしき》となるよう命じたところ、辞退し重源を推挙したと伝えますが、定かではありません。俊乗房重源《しゅんじょうぼうちょうげん》の依頼に応じたものです。

焼討ちを指揮した平重衡は、尊い寺院や仏像を焼き払った張本人で、南都側からは仏敵と見なされました。平家一門の興亡を描いた『平家物語』には、法然上人が重衡に教えを説く場面があります。重衡は一ノ谷の戦いで捕われの身となり、鎌倉へ護送される前、上人との対面を望んで教えを請います。自分のような悪人が来世において助かる術はあるのかと、涙ながらに訴える重衡に対し、上人は答えます。罪の深さを卑下せず、ただ南無阿弥陀仏ととなえて深く信じなさいと。この教示によって来世の救いを確信した重衡は涙を流して喜び、布施として愛用の松蔭《まつかげ》の硯《すずり》を贈りました。その後、重衡は南都側に引き渡されて処刑されます。二人の出会いは史実としては確かめ難いのですが、どうにもならない極悪人を救えるのは法然上人をおいてほかにない、ということに話の主眼があるのかもしれません。

さて、東大寺は重源の努力の甲斐あって再建が進み、大仏殿も半分ほど出来上がってきました。そのとき招かれた上人は、南都の人びとに向かって教えを説きます。東大寺や興福寺では、華厳宗・三論宗・法相宗など奈良時代に日本へ伝わった宗派の教えが伝統的に学ばれていました。聴衆に、これらに熟達した学僧がいたのは当然です。上人にとってはいわばアウェーで説法するようなものですが、たじろぐことなく堂々と新しい浄土宗の意義を説いたのです。このときの講演録が『東大寺講説』(三部経釈《さんぶきょうしゃく》)として伝わります。浄土三部経の要所を取り上げながら、それを善導大師の解釈を踏まえて説くところに特徴があります。四十三歳で回心を遂げて以来、上人の基本的姿勢は善導大師の立場から三部経を受け止めていくことにあります。上人が六十六歳のときに著した『選択集』では、「ひとえに善導一師に依《よ》る」と述べ、一層その姿勢を明らかにしています。

先に信空と感西に触れましたが、新しい教えを広める法然上人のもとには、既存の仏教に飽き足らない者たちが弟子入りを望んでやってきます。その多くは上人と同じ天台宗の出身です。もとの宗派を離れるのは勇気のいることです。彼らが入門したのは、だれかれ区別することなく念仏だけを勧める上人の布教に惹《ひ》かれ、浄土宗の教えに共鳴したからにほかなりません。

◉弟子らとともに――あいつぐ入門

主な者を弟子入りの順に見ていくと、建久元年（1190）に入室した善慧房《ぜんねぼう》証空《しょうくう》（1177－1247）は、他の門弟と異なり天台宗を経由せず十四歳で出家し弟子となります。学才に秀でたことから、上人の『選択集』執筆のとき勘文の役として引用文などの確認や照合をまかされます。

平家一門に生まれた勢観房《せいかんぼう》源智《げんち》（1183－1238）は、建久六年（1195）十三歳のとき入室しました。出家は天台宗の慈円のもとで果たし、のち十八年間、上人に従い給仕します。

コラム⑪ お念仏は毎日何遍となえればいい？

法然上人のお弟子のひとりに、禅勝房《ぜんしょうぼう》（1174-1258）という方がいました。熊谷直実の紹介で上人の弟子となって２年間ほどつかえ、その後は故郷の遠江国《とおとおみのくに》（いまの静岡県森町付近）に帰り、大工となって念仏の道に励んだといいます。その禅勝房と上人の、こんなやりとりが伝えられています。

［禅勝房］「日々となえる数がどれくらいであれば、『お念仏を相続（継続）している』といえましょうか」

［法然上人］「善導大師は、毎日１万遍となえれば『相続といえる』と示されていますが、だいたい１回の食事をとる間に３遍となえれば、正しく相続しているということになるでしょう。しかし、衆生（人々）の能力は一様ではありませんから、回数を一律に決めるわけにはいきません。往生を願う志さえ深ければ、お念仏は自然と相続できるようになるものです」

法然上人は毎日、６万遍、７万遍ものお念仏を欠かさなかったとのことですが、一般にはとてもできるものではありません。大切なのは、ひとたびお念仏とのご縁が結ばれたなら、それぞれが出来る範囲で、たゆまず、投げ出すことなく生涯続けること。それにより、信はおのずと深く、たしかなものになると法然上人は教えています。

上人なきあと浄土宗二祖となった聖光房弁長《しょうこうぼうべんちょう》上人（１１６２－１２３８）は、建久八年（１１９７）入門します。筑前国遠賀郡香月荘《かつきのしょう》に生まれ、比叡山へ登り天台教学をみっちり習得した後、故郷へ戻り福岡油山《あぶらやま》（福岡市南西部にある標高五九七メートルの山。当時、多くの僧坊があり、修行・勉学の地として栄えた）の学頭となります。しかし、弟を病気で亡くして人生の無常を痛感し浄土に心を向けます。仏師に仏像の製作を依頼するため、建久八年に京都に上った際、初めて法然上人と出会って念仏義を教示されました。一旦帰郷して、再度上洛、白河《しらかわ》の地（現在の京都市左京区岡崎付近）に草庵を構え、法然上人の吉水の禅房へ通い詰め、『選択集』を相伝されます。帰郷する元久元年（１２０４）まで熱心に浄土宗を学びました。

比叡山西塔南谷に住んだ成覚房幸西《じょうかくぼうこうさい》（１１６３－１２４７）は、建久九年（１１９８）三十六歳のとき弟子と死別して無常を感じ、遁世して入門します。

比叡山の常行三昧堂《じょうぎょうざんまいどう》の堂僧であった親鸞《しんらん》（１１７３－１２６２）は、天台流の不断念仏を勤めていました。建仁元年（１２０１）二十九歳のとき、後世の救いを求め京都六角堂に参籠し、夢告を得て上人の門を叩きます。『選択集』および上人肖像の書写を許可されます。

讃岐生まれの覚明房長西《かくみょうぼうちょうさい》（１１８４－１２６６）は、京都へ上り俗典を学びましたが、建仁二年（1202）十九歳で仏門へ転じ弟子となります。

長楽寺《ちょうらくじ》隆寛《りゅうかん》（1148－1227）は上人も師事した皇円から天台宗を学びます。青蓮院《しょうれんいん》の慈円に仕え、朝廷主催の格の高い仏事に出仕するほどの学僧でしたが、上人との交流から浄土宗へ傾き、元久元年（1204）、『選択集』を相伝されます。

いろいろな経歴と個性のある者たちを迎え入れた上人は、顔を向き合わせて浄土宗の教えを教示します。門弟も師の言葉を聞き漏らすまいと、心に刻み、あるいは記録に取りました。疑問に思うことは師へ問いただし、門弟同士でも意見を言い合い、吉水の禅房では熱い討論がくり広げられます。聖道門はなぜ今の時代に通用しないのか、人びとを漏らさず救う阿弥陀の本願とは、念仏の意味はなぜ称名だけなのか、念仏と諸行はどう関係するのか、念仏と信心のかかわりは…。質問に対し上人は丁寧かつ端的に回答します。こうして互いの理解は深まり、一門の絆も強固となったのです。

◉在俗の信者たち——多彩な顔ぶれ

上人の身辺を活気づかせたのは門弟ばかりではありません。貴族や武士・庶民など、在俗の者たちが来世の救いを求めて吉水の禅房を訪れます。彼らの経歴はそれこそさまざまですが、いずれも上人の導きで熱心な念仏信者となりました。

まず挙げるべきは九条兼実です。摂関家生まれの上流貴族で、関白として政界で活躍した人物です。邸宅が東山九条の月輪《つきのわ》にあったことから月輪殿《どの》と呼ばれました。彼が残した日記『玉葉《ぎょくよう》』によれば、文治五年（1189）からいく度となく自邸に上人を招き、戒律を授けてもらい念仏を勧めています。後述のように『選択集』の執筆を懇願したのも兼実であり、建仁二年（1202）には上人を戒師として出家します。また、夫人や娘の宜秋門院（後鳥羽天皇中宮）にも受戒させたほどで、上人に対する兼実の信頼には並々ならぬものがあります。生涯にわたり上人を尊崇した信者であり心強い支持者でした。

また注目されるのは、関東居住の鎌倉幕府の御家人たちです。『平家物語』に登場する熊谷《くまがい》直実《なおざね》（1141－1208）は、一の谷の戦いで十六歳の平敦盛を討ち取った話が有名です。源頼朝に仕えて源平合戦で活躍しましたが、建久三年（1192）、領地争いに敗訴することがあって鎌倉を去り、上洛して上人に教えを請います。出家名を法力房蓮生《ほうりきぼうれんせい》といいます。西方浄土を熱く信仰するあまり、鎌倉へ帰るときは背中を西に向けないよう逆馬《さかうま》の格好で乗ったという逸話が伝わります。京都・清涼寺には、直実へ宛てた上人自筆の手紙や、直実自筆の『蓮《れん》生法師誓願状《せいほっしせいがんじょう》』が現存します。

津戸為守《つのとのためもり》（1143－1242）は、数々の合戦で戦功をあげました。建久六年（1195）、再建なった東大寺の落慶供養に出る頼朝に従って上洛した際、上人と出会って教えを聞いてからは、ひたすら本願を信じてお念仏をとなえました。関東へ帰って後、疑問があれば手紙で問い合わせ、上人も手紙によって回答しています。出家して尊願と名のりました。

この他にも、武蔵国の武士団・猪俣党《いのまたとう》に属した甘粕太郎忠綱《あまかすたろうただつな》、上野国《こうずけのくに》の大胡隆義《おおごのたかよし》・実秀《さねひで》父子や薗田成家《そのだしげいえ》らが上人の教示によって念仏信者となりました。また、宇都宮頼綱《うつのみやよりつな》（1172－1259）は上人の弟子の証空に帰依し、出家名を実信房蓮生《じっしんぼうれんしょう》といいます。和歌が得意で藤原定家と交流しました。

さらに面白いところでは、盗賊の天野四郎《あまのしろう》や陰陽師《おんみょうじ》の阿波介《あわのすけ》がいます。天野四郎は河内国で盗賊の親分として悪事をはたらいていたのですが、年老いてから上人の教化で念仏信仰に目覚め、出家して教阿弥陀仏《きょうあみだぶつ》と名乗りました。また、民間陰陽師の阿波介はこれといった取得《とりえ》もないのですが、念仏をとなえるときはいつも二つの数珠を持ちました。一つはとなえながら

広縁で法然上人と兼実公の法談に聞き入る熊谷直実
（国宝『法然上人行状絵図』巻27　知恩院蔵）

繰るためもので、もう一つはふさの玉で念仏の回数を数えるためです。それを知った上人は、「愚鈍ながらも往生を願う心の深さから、巧みに思いついたものだ」と感心したそうです。これが浄土宗で用いる二連数珠のルーツとされます。

このように在俗信者の顔ぶれは多彩です。これも念仏の教えが身分や職業を問わないことのあらわれと言えるでしょう。

◉『選択集』執筆――建久九年の出来事

六十も過ぎれば大小の病気を抱えるのは誰しも同じです。建久八年（1197）、六十五歳の上人は病になやまされます。九条兼実もたいそう心配したのですが、やがて病状はおさまります。

ところが、回復しても吉水の草庵にとじこもって外出されないので、兼実は浄土宗の教えをまとめた書物を著すことを懇願します。それを読むことを上人との面談になぞらえ、また亡くなったあとの形見にしたいと考えたのです。翌建久九年、それに応じて著されたのが『選択集《せんちゃくしゅう》』です。上人の代表作で、浄土宗の根本聖典ともいうべきものです。

上人は門弟の遵西《じゅんさい》・感西《かんさい》・証空《しょうくう》の三人を側に呼び、執筆にとりかかります。巻頭の「選択本願念仏集 南無阿弥陀仏 往生《おうじょう》之《し》業《ごう》念仏《ねんぶつ》為《い》先《せん》」の二十一文字だけを自筆で書き、あとは文章の指示をしながら三人に代筆させました。このときの貴重な『選択集』は京都市上京区の廬山《ろざん》寺《じ》（円浄宗。もと天台宗）に現存します。廬山寺本あるいは草稿本と呼ばれ、重要文化財に指定されています。

『選択集』の中心的なテーマは、阿弥陀仏による念仏の選択《せんちゃく》ということです。極楽浄土へ往生するためには、布施《ふせ》・持戒《じかい》・忍辱《にんにく》・菩提心《ぼだいしん》・起立塔像《きりゅうぞうとう》・孝養父母《きょうようぶも》などさまざまな修行があります。阿弥陀仏（法蔵菩薩）はそのうちお念仏だけを選択して本願としたので、我われはその仏の意思に従いお念仏をとなえよう、というものです。

阿弥陀仏には、あらゆる人びとを漏らすことなく救済しようとする「平等の慈悲」がありま

コラム⑫

豪放磊落！
武将から出家した熊谷直実

歌舞伎「一谷嫩《いちのたにふたば》軍記」などでもよく知られる源氏方の武将・熊谷直実。その名の通り実にストレートな性格だったようです。時の征夷大将軍源頼朝からの命を不服とし「そんな役、やってられるか！」とばかりタテついたり、叔父・久下直光との所領をめぐるいさかいで頼朝の現前で裁判がなされた際には、不平等な裁定にキレてその場で髻《もとどり》を切って逐電《ちくでん》したりと、豪傑さを伝えるエピソードが伝わっています。そのまま京に向かった直実は、上人の弟子を介して上人に接見、僧となって「蓮生《れんせい》」と名乗ります（『吾妻鏡』）。

娑婆の不条理というものをいやというほど味わった末の出家。その後は静かに念仏一途の日々を……と思いきや、豪放磊落《ごうほうらいらく》な気性がそうはさせませんでした。

こんなことがありました。ある日、法然上人が関白九条兼実公の邸《やしき》に法談に招かれた時のこと。無理やりついていったところが中に入れてもらえず、微《かす》かにしか聞こえない会話にイライラを募らせ、ついに「あーあ、娑婆《しゃば》ほどつまらぬ所はないわ、極楽ではこんな不平等なことはなかろうに！」と喚き立て、見かねた兼実が入邸を許すと、挨拶もせずズケズケ広縁に上がって足を投げ出し法談に聞き入った――（『法然上人行状絵図』巻27）。

これも信心の熱さ・深さの、直実ならではのあらわれなのでしょう。のち、何軒もの寺院を建立、彼の逸話は今も各地で語り草となっています。

す。お念仏だけを選択することによって、有智《うち》と無智《むち》、持戒と破戒などの格差がなくなり、念仏一行による平等往生が可能となります。その根底には誰しもが凡夫だという平等的人間観があるのです。

さらに『選択集』執筆とかかわり注目されるのは、三昧発得《さんまいほっとく》の体験です。三昧発得とは、お念仏を積み重ねてゆくなかで、阿弥陀仏や浄土の光景が感見されるという宗教体験です。建久九年正月からそれがはじまり、水相観《すいそうかん》や地相観《ちそうかん》が成就されて極楽の光景がまのあたりに出現します。これはお念仏の深まりから、意識せずに自然と成就されたものです。このような体験は現代人には理解しにくいものですが、『選択集』の内容の正しさを保証するという意味があったと考えられます。上人は感見した事象を、みずから『三昧発得記』という書物に記しています。

◉あいつぐ法難――試練の日々

往生行を念仏一つに絞り込む立場は、多様な修行を実践する既存の寺院勢力との間に大小の軋轢を生じました。これも新たな教えを樹立した開拓者の宿命かもしれません。

元久元年（１２０４）十月、延暦寺の僧侶たちは会議を開き、専修念仏の停止《ちょうじ》を天台座主《ざす》の真性《しんしょう》に申し入れることにします。天台座主とは、天台宗のトップに立って巨大な延暦寺一山を取り仕切る役職です。浄土宗を開いたとはいえ、法然上人は延暦寺との関係がなくなったわけではありません。その天台座主から子細《しさい》を問われるわけですから、なんらかの対応が必要です。

上人は門弟たちに活動を控えさせるため、『七箇条制誡《しちかじょうせいかい》』を作り署名を求めました。一九〇名もの門弟らがそれに応じ署名しています。その原本は嵯峨二尊院に現存します。また、『送《そう》山門起請文《さんもんきしょうもん》』を作って延暦寺に背く意思のないことを弁明し、天台座主へ送付し事態の収拾を図りました。

『七箇条制誡』には念仏者がとっていた言動が記されています。それによれば、経典を学びもせずに他宗派や諸仏菩薩をそしり、信仰の異なる人に論争をふっかける。あるいは戒律の意義を認めず、飲酒や肉食しても往生の障害とはならないと説いて回ることなどです。旧来の寺院勢力は自分たちの規範がないがしろにされるわけですから、問題とせざるを得ません。摩擦を避けるため、上人は門弟たちに署名させて自粛を促したのです。延暦寺の抗議を受けたこの事件は、「元久《げんきゅう》の法難《ほうなん》」と呼ばれます。

しかし事態は収まりません。非難の動きは天台宗ばかりか他宗に広がります。翌元久二年（1205）十月、法相宗の奈良・興福寺は朝廷に対し、専修念仏の宗義の改正を求めて訴えたのです。しかも、今度は朝廷を巻き込む訴訟ですから、事態はより深刻です。

このとき朝廷に提出された文書は『興福寺奏状《こうふくじそうじょう》』と呼ばれ、同寺の学僧として名高い解脱《げだつ》房貞慶《ぼうじょうけい》の執筆とされます。それには専修念仏の過失が九箇条にまとめられています。朝廷の許可なく新宗派を立てること、念仏以外の諸行を妨げること、神様を信仰しないこと、念仏の意味を誤解すること、などです。これらの過失を挙げて朝廷に訴えたのですが、「八宗同心《はっしゅうどうしん》の訴状」と称されたように、危機感は奈良や京都の仏教界の共通認識でもあったようです。

興福寺の申し入れに朝廷が即応したわけではありません。訴えがあったからといって、念仏信仰を停止させてよいものかどうか、判断に迷い態度をはっきりしませんでした。興福寺側は、法然上人と門弟の法本房行空や安楽房遵西らを罪科に処し念仏禁止の措置をとるよう、担当役人の三条長兼《さんじょうながかね》にしつこく迫ります。上人を取りまく状況は厳しくならざるを得ません。ただ、そうした中にあっても、自行のお念仏にたゆむことはありませんし、布教にも余念がありません。先の『三昧発得記』によれば、建永元年（元久三年、1206）正月、お念仏が深まる中三尊の姿を感見したといいます。また、戒師としての声望はやまず、同年十一月、前内大臣藤原（西園寺）実宗《さねむね》の出家戒師を勤めています。

そこへきて遵西《じゅんさい》と住蓮《じゅうれん》による事件が勃発します。二人は美声の持ち主であったらしく、うるわしい声で善導大師の『往生礼讃《おうじょうらいさん》』（六時礼讃）に節を付けてとなえました。それに魅了されたのが後鳥羽院に仕える二人の侍女で、後世、その名は松虫《まつむし》・鈴虫《すずむし》として伝承されます。二人は哀調に感じ入るあまり出家してしまい、これを知った後鳥羽院は怒り心頭に発し、事態は一気に処罰へと動いたのです。

建永二年（1207）二月、上人は藤井元彦《ふじいもとひこ》という還俗名《げんぞくめい》を与えられ土佐への流罪が決まります。そのほか行空《ぎょうくう》・幸西《こうさい》らも流罪、親鸞もこのとき越後に流罪となります。証空も流罪とされましたが、九条兼実の弟慈円が身柄を預かります。そして、むごいことに遵西と住蓮および善綽房西意《ぜんしゃくぼうさいい》、性願房《しょうがんぼう》の四名は死罪となったのです。この事件は「建永《けんえい》の法難」と呼ばれ、浄土宗が受けたもっとも過酷な迫害でした。

法然上人の一門は途方もない痛手をこうむり、同朋意識で結ばれた堅い絆もバラバラにされ分散を余儀なくされます。しかし、流罪を前にしても上人の信念は揺らぎません。信空は内々の布教にとどめるよう進言し周囲も同調します。それに対し上人は、流罪を恨みとはしない、かえって地方に念仏を弘めるよい機会だと答えたのです。弟子の西阿《さいあ》も駆けつけ、世間の譏嫌《きげん》をはばかり布教を一時やめるよう提案したのですが、専修念仏は普遍的真理に基づくもので勝手な教えではなく、たとえ死刑にされても弘めないわけにはいかない、とまで言い切りました。弟子が死罪とされた局面にあってなお、こう述べたのです。魂の念仏者とはこういう姿を指すのでしょう。それに、地方布教の好機だと捉えたのは、苦境を好機に変えるしなやかさを示しています。たくましく柔軟な生き方ではありませんか。

◉配流——瀬戸内をたどり讃岐へ

都を発《た》ったのはその年三月十六日のことで、鳥羽（現・京都市伏見区）から乗船して淀川を下り、瀬戸内の沿岸をたどって四国へ向かいました。小島や港に寄航しながら、その間も念仏布教を怠ることはありません。伝記によれば、摂津の経ケ島（神戸市兵庫区）を皮切りに、播磨の高砂《たかさご》の浦（兵庫県高砂市）、室《むろ》の泊《とまり》（兵庫県たつの市室津）、讃岐の塩飽《しわく》（香川県丸亀市本島《ほんじま》に立ち寄ったと伝えており、寄航先では都の高僧に結縁《けちえん》しようと在地の人びとが集まりました。

高砂の浦は漁業が盛んな土地柄で、それで生計を立てる漁師が住んでいます。ある老夫婦の漁師は、幼い頃から魚類の命を奪って生活してきたため、殺生の罪で地獄に堕《お》ちるのが恐ろしくてならないと訴えました。しかし、どのような職業に携わろうとも阿弥陀仏の本願によって救われるという法然上人の教化を受けてからは、漁業をやめることなくお念仏に励みました。高砂市の十輪寺《じゅうりんじ》（浄土宗西山禅林寺派）はその教化の場所と伝承されます。

室の泊は、三方を山で囲まれた波静かな港です。上人一行の船がそこへ着くと、小船に乗って遊女が近づいてきます。彼女は身を売って生計を立てる罪深さに悩むあまり、来世の救いを信じることができません。悲しむ遊女に対し上人は、自分を卑下することなく阿弥陀仏の本願を頼んで念仏するよう諭しました。たつの市の浄運寺は、やはりその教化の場所と伝承されています。

四国を目前にした塩飽では、地頭の高階保遠《たかしなやすとお》（入道西忍）のもてなしを受けます。それを機縁に保遠は熱心な念仏信者になります。本島の専称寺は、上人の住居地を保遠が寺院にしたと

高砂浦の漁師に法話をされる法然上人
（国宝『法然上人行状絵図』巻34　知恩院蔵）

伝えられます。

配流先へ向かう途次とはいえ、上人に気落ちする様子はありません。それどころか、まだ見ぬ土地で念仏を弘めるのは大きな喜びですらありました。漁業や遊女などの職業に携わったまま来世の救いにあずかれるという教えは、地域民衆に生きる力を与えたことでしょう。こうして念仏信仰は瀬戸内の人びとに弘まりました。上人にとっても純朴な民との出会いは、都では得られなかった新鮮な体験であったかもしれません。

四国へ到着したのは三月末ごろです。配流先とされた土佐まで行かず、讃岐《さぬき》の小松荘（香川県琴平町・まんのう町）の生福寺《しょうふくじ》に居住しました。小松荘は九条家領で、兼実の配慮によってそこへとどめられたと考えられます。生福寺は空海建立とされる古いお寺で、江戸時代に法然寺（高松市）として再興されます。生福寺の旧地には、後に西念寺（まんのう町）が建てられます。

讃岐での生活について詳しいことはわかりませんが、流人であってもじっとしていたわけではありません。当地の霊跡をめぐり歩き、善通寺《ぜんつうじ》（真言宗、善通寺市）にも参拝したと伝えます。そして、どこへ行こうともお念仏の勤めと布教を忘れることはありません。庶民教化に尽くされたことは、今でもこの地域に残る、上人にまつわる多くの伝承から偲ぶことができます。

京都では四月五日、九条兼実が五十九歳で他界します。弟慈円《じえん》の『愚管抄《ぐかんしょう》』によれば、上人の配流を嘆きながら亡くなったといいます。建久七年の政変で政界の一線から退いたとはいえ、朝廷に通じた兼実の存在は赦免《しゃめん》を実現させる頼みだったはずです。伝記によれば、後鳥羽院に近い藤原光親に機会をみて恩赦を申し出るよう託したそうです。

兼実の願いが通じたのか、後鳥羽院建立になる最勝四天王院の供養で大赦《たいしゃ》が行われ、十二月八日勅免の宣旨《せんじ》がくだされます。京都を離れて八か月後のことです。ただし洛中への往来は許されなかったので、摂津箕面《みのお》山中の勝尾寺《かちおでら》（「かちおじ」「かつおうじ」とも。真言宗、大阪府箕面市）に滞在して許可を待ちました。

勝尾寺に草庵を結んで居住した場所は、境内の一角に建つ堂舎、現在の二階堂とされます。

ここに滞在中、いろいろな仏事にかかわり寺僧とも交流されたことでしょう。伝記によれば、勝尾寺の僧侶たちの法衣が破れていたので、上人は弟子の信空《しんくう》を通じ京都の信徒にはからい装束十五具を寄進しました。また当寺に一切経がないことを知り、所持していた一切経を寄贈したともいいます。入洛の許可はなかなかおりず、ここで四年の歳月が流れました。

◉赦免と入滅――再び京都へ

建暦元年（1211）十一月十七日、ようやく帰洛を認める宣下《せんげ》がくだされます。勝尾寺の寺僧らと別れを惜しみ、京都へもどったのは同月二十日です。都の賑わいを久しぶりに味わいながら東山への道をたどり、待ちわびる門弟・信者らと再会して互いの無事を喜びあいました。しかし、流罪で地方へ流された者の姿はなく、顔ぶれは昔通りではありません。法難の後遺症や都を離れ五年近くになる歳月の重みを感じないわけにはいきません。

新たな住まいは大谷の禅房です。現在の知恩院勢至堂の場所とされ、当時は天台宗青蓮院《しょうれんいん》の寺領でした。この地を提供したのは慈円であり、上人のことで心を痛めながら亡くなった兄兼実の意を汲んだのでしょう。大谷の禅房には四国からもどった上人に教えを聞こうと、連日大勢の人が東山の山中まで詰めかけます。かつて都の人に壮健な姿で布教した感覚が次第にもどってくるのは、ことのほか感慨深いものです。しかし、教えを説こうと気力をみなぎらせても、八十歳近くになる身体はもはや耐えることはできません。年があけて間もなく病床に伏します。

建暦二年（1212）正月に入り、食は細り体力も衰えます。しかし、念仏を絶やすことはなく、睡眠中も舌口はかすかに動いています。周囲で看病する弟子が、「お上人は間違いなく極楽にご往生されるのでしょうか」と問うと、「私はもともと極楽にいたのだから、きっとそこへ帰るだろう」と答えます。また信空が、「ご入滅後はどこを遺跡《ゆいせき》とすればよいでしょうか」と問うと、「念仏の行われる所すべてが私の遺跡だ」と答えます。弟子が「枕元にご安置したご本尊を拝まれますか」と問うと、虚空を指して、「仏がおいでになるのが見えるか」と答えます。いよいよ最期というのに、念仏を休むことはありません。弟子が交代して念仏の手助けをすると、助けとなえる方が疲れるほどです。

伝記によれば、源智は病床に伏す上人に、教えの要点を書きとどめてもらいたいと懇願します。その願いに応えるべく執筆されたのが『一枚起請文《いちまいきしょうもん》』です。

唐土我朝《もろこしわがちょう》に、もろもろの智者達の、沙汰し申さるる観念《かんねん》の念にもあらず。また学問をして、念のこころを悟りて、申《もう》す念仏にもあらず。ただ往生極楽のためには、南無阿弥陀仏と申して、うたがいなく往生するぞと思い取りて申す外には別の仔細《しさい》候わず……。

心を凝らす観念でもなく、学問によって念の意味を理解することでもない。南無阿弥陀仏によって間違いなく往生するぞと思い定めてとなえるだけだ――。わずかに残された体力で筆を動かし、浄土宗の教えの精髄を簡潔にまとめます。

正月二十五日、念仏の声はかすかとなり、時おり大きな声が交じる程度です。慈覚大師円仁から相伝《そうでん》されてきた九条の袈裟をかけ、頭を北にし顔を西に向け、「光明偏照《こうみょうへんじょう》、十方世界《じっぽうせかい》…」と経文を唱えます。そして八十年の生涯を終え、眠るかのように示寂されました。

◉宗祖亡きあとの浄土宗――さらなる法難

門弟や信者たちは悲しみをこらえきれません。四十九日までの中陰には、門弟や有縁の天台僧らがくり返し供養を営みます。法然上人のお墓は大谷の禅房の東側崖上に造られ、大谷廟堂と呼ばれます。そこには上人の肖像が祀られて知恩講という法要が営まれ、年忌や月忌には参詣者で賑わったといいます。現在の知恩院御廟《ごびょうしょ》所の地とされます。

滅後の報恩行で注目されるのは、源智による阿弥陀像の造立です。昭和四十九年（1974）、滋賀県甲賀市にある玉桂寺（真言宗）のお堂から、それまで誰にも注目されないまま安置されていた阿弥陀像が発見されました。調査により鎌倉時代の安阿弥様《あんなみよう》の作風と分かり、その胎内からは多くの文書が発見されます。それらは仏像制作の動機を記した造立願文《ぞうりゅうがんもん》と、結縁に応じた四万六千人ほどの人名を記した念仏結縁交名《きょうみょう》からなり、願文奥書には「建暦二年十二月廿四日　沙門《しゃもん》源智敬白」とあり、源智が法然上人の報恩のため造立したことがわかります。上人の没後わずか十一か月後のことですから、一周忌を期したのでしょう。

結縁交名には小さな字で人名がびっしり書き込まれています。願文によると、数万人の姓名を仏像内に納め、法然上人の引接《いんじょう》によって浄土へ迎え摂《と》られることを願うのだといいます。鎌倉時代の人名をこれほど多く記した史料は珍しいようです。平成二十二年、この阿弥陀像は関係者の努力で浄土宗の所有となりました。

一方、源智が師の報恩のために尽力していたころ、それとまったく対照的な異なる動きもありました。京都の北西、栂尾高山寺《とがのおこうざんじ》で厳しい修行にうち込んだ華厳宗の明恵房高弁《みょうえぼうこうべん》は、『摧邪輪《ざいじゃりん》』を著して『選択集』を批判します。上人が亡くなった年の建暦二年十一月のことです。上人没後も浄土宗と南都・北嶺の寺院勢力との軋轢はなお深刻で、そうした中、門弟らは信仰を守り困難な状況をいかに生き抜くかという課題に直面せざるを得なかったのです。

上人の入滅から十五年、再び大きな法難が襲います。「嘉禄《かろく》の法難」と呼ばれます。上野国出身の天台僧定照《じょうしょう》は専修念仏を苦々しく思って『弾選択《だんせんちゃく》』を著して『選択集』を非難します。これに対し天台宗から浄土宗へ転じた隆寛は『顕選択《けんせんちゃく》』で反論しました。二人の論争を発端に迫害がはじまり、嘉禄三年（1227）六月、延暦寺は大谷廟堂を破壊して上人の遺骸を鴨川に流そうとします。六波羅探題の介入で治まりはしましたが、遺骸が流されるのは門弟にとって耐え難いことです。改葬を計画した信空と覚阿は、このことを九条兼実の子で青蓮院門主の良快へ申し入れます。遺骸はひそかに掘り出されて嵯峨へ運ばれ、太秦《うずまさ》広隆寺の来迎房円空のもとに預けられました。

延暦寺の僧たちは路頭で黒衣の念仏者たちに乱暴するなど圧力を強めます。そして専修念仏の停止《ちょうじ》を朝廷に迫り、七月に隆寛・空阿・幸西《こうさい》の三名が流罪に決まり、十月には『選択集』

の版本・版木が比叡山の大講堂前で焼かれてしまいます。

年が明け安貞二年（1228）正月、上人の遺骸は西山粟生野《あおうの》の幸阿のもとへ移され荼毘に付されます。荼毘の場所には墓堂が建てられ、のちに光明寺（西山浄土宗総本山、京都府長岡京市）となります。遺骨は正信房湛空《しょうしんぼうたんくう》の指示で二尊院に雁塔を建てて納められました。

この法難で浄土宗はまたもや大きな被害を蒙ったのですが、復興の動きはまもなく起こります。壊された廟堂はどのような状態かはっきりしませんが、文暦元年（1234）、源智はそれを修理して寺院にあらためたと伝えます。これが知恩院の発祥とされます。その寺名は廟堂で勤められた知恩講に由来すると考えられ、上人入滅の聖地にふさわしい名称です。

◉浄土宗の弘まり――教えを継承して

偉大な指導者を失った門弟たちは、試練の中で自立した生き方を模索しなければなりません。浄土宗の教えをどう受けとめ敷衍《ふえん》すればよいのか。各自がその課題と向き合い、思索と実践を重ねながら教えを継承します。主なものを挙げると、聖光《しょうこう》（弁長《べんちょう》）上人の鎮西義《ちんぜいぎ》、証空《しょうくう》の西山義《せいざんぎ》、隆寛の長楽寺義、幸西の一念義、長西の諸行本願義、親鸞《しんらん》の浄土真宗などです。それぞれが一派を形成するほどに成長し、互いに関係し合いながら教えを弘めました。このうち法然―聖光―良忠《りょうちゅう》の鎮西義の系譜が現在の浄土宗へ発展します。そこで二祖《にそ》聖光上人と三祖《さんそ》良忠上人の活躍を紹介しましょう。

京都時代の聖光上人については前に述べましたが、帰郷してからは鎮西《ちんぜい》（九州北部）を中心に教えを弘めます。聖光上人の立場を鎮西義あるいは鎮西流と呼ぶのはそのためです。上人はとくに念仏行を積み重ねて往生を遂げることの大切さを強調しました。安貞二年（1228）、熊本の往生院に弟子を集めて別時念仏を行い、このとき『末代念仏授手印《まつだいねんぶつじゅしゅいん》』を著して浄土宗の教えが南無阿弥陀仏の口称《くしょう》・一行《いちぎょう》にきわまることを説きます。この他にも『選択集』を注釈した『徹選択集』や、浄土宗の要点をまとめた『浄土宗要集』（西宗要《せいじゅうよう》）などを著し、教えの体系化に努めました。

布教しながら各地に念仏道場を開いたのも大きな特徴です。伝承では四十八箇寺を創建したとされますが、中でも筑後地域に勢力を張る草野一族の支援によって、現在の久留米市にある大本山善導寺を開いたことが特筆されます。このように各地の道場を拠点としつつ九州北部に浄土宗を弘めました。

九州の聖光上人に弟子入りしたのが然阿良忠上人《ねんな》（1199－1287）です。石見国《いわみのくに》（島根）に生まれ、地元の鰐淵寺《がくえんじ》や延暦寺で天台僧として修行し、嘉禎二年（1236）三十八歳のとき、筑後国へ赴いて初めて聖光上人と対面し、弟子となり浄土宗を学びます。その後、関東一帯や鎌倉を中心に布教してまわります。とくに武士の支持を得た意義は大きく、北条朝直の帰依を受けて鎌倉に悟真寺を創建し活動の拠点とします。これが現在の大本山光明寺です。

良忠上人は学者肌の人で、数多くの著述を残したことから記主禅師《きしゅぜんじ》とも呼ばれます。善導大師の『観経疏』を注釈した『観経疏伝通記《かんぎょうしょでんずうき》』、『選択集』を注釈した『選択伝弘決疑鈔《せんちゃくでんぐけつぎしょう》』、浄土宗の要点を記した『浄土宗要集』（東宗要）などがあり、後世の指針として重要です。門弟にもすぐれた人材が多く、そのうち寂恵良暁《じゃくえりょうぎょう》上人は浄土宗を継承し四祖となります。このように聖光上人は九州北部に、良忠上人は関東を中心に教えを弘めました。二人の活動は初期浄土宗における地域的展開として注目され、また後世の全国的展開の端緒ということができます。

京都に目を戻すと、廟堂から寺院となった知恩院では、往生を願う人々が浄土宗の教えを求めて東山の山中まで足を運んだことと思われます。鎌倉時代や室町時代の実情ははっきりしないことが多いようですが、戦乱や火災あるいは権力者の意向で場所を転々とする寺院が多い中、知恩院は法然上人の故地に創建されて以来、応仁の乱で一時的に移転したことを除けば、その場所にずっとあり続けます。そして、江戸時代に徳川将軍家の帰依で伽藍が開拓・整備され、現在のような巨大寺院へと変貌します。吉水の草庵のささやかさを思えば、隔世の感を禁じ得ません。それでも上人ゆかりの根源地で法灯を守り続けたのは歴史的に意義のあることであり、時代を超えて念仏の聖地として大切にされてきたからにほかなりません。

コラム⑬ 浄土宗と徳川家

浄土宗の僧侶が身に着けている法衣《ほうえ》（ころも）や袈裟《けさ》に、黄門《こうもん》さま（水戸黄門＝徳川光圀《みつくに》公）でおなじみの「葵《あおい》の御紋《ごもん》（三葉葵《みつばあおい》）」があしらわれているものがあることにお気づきですか？

実は徳川家の前身ともいえる松平家は、古くから浄土宗寺院と深いつながりがありました。15世紀なかば、松平家が浄土宗の高僧を招いて開山とし、領地の三河国（いまの愛知県）に数軒の寺院を建てていたのです。

1590年（天正18）、豊臣秀吉の命による所領替えで徳川家康公が江戸に出た際、あらたに増上寺（現・大本山＝東京都港区）を菩提寺としました。以後、増上寺は将軍家菩提寺として発展、浄土宗は徳川家のサポートをうけるようになり、その関係はより深くなります。こうした経緯から三葉葵の紋の使用が許され、現在も浄土宗僧侶の法衣、袈裟、伽藍の荘厳など、随所に見ることができるのです。

ちなみに、増上寺には二代秀忠公など歴代将軍の墓所があるほか、知恩院（京都）の現在の三門や御影堂《みえいどう》はその秀忠公の命で建てられたもの。そうそう、もしかしたらあなたの輪袈裟《わげさ》にも三葉葵が入っているかもしれませんよ。

法然上人の八十年にわたる生涯を駆け足で見てきました。紙数の都合があり、もちろんすべてを尽くしたわけではありません。伝記には、さらに多くの細かな事績や門弟・信者との親交、および彼らが上人の教えに従って往生を遂げた様子などが記されます。興味のある方は、是非とも他の関連書物や伝記に直接ふれてみてください。

ただし、事績の細部を詮索してそれで終わりではありません。波乱に満ちた上人の生涯から、私たちは何を読み取ることができるのでしょう。幼少期の過酷な体験はその後の人生にどう影響したのか、師匠との葛藤をも辞さないエネルギーの源はなにか、時代も国も異にする善導大師という一人の人物をなぜ信頼しきったのか、重なる試練になぜ心は折れず布教に邁進できたのか――。考えさせられることは少なくありません。そして、現在の私たちにとってお念仏や極楽往生の教えを信仰することは、何を意味するのでしょうか。上人の生涯を通し、私たち自身がよりよい生き方を模索する機会としなければなりません。

本章では事績を中心に述べたので、上人のお人柄のことまで十分にふれることはできませんでした。ただ、その厚みと奥行をくまなく描き出すのは至難の業で、限られた紙数で書ききれるものではありません。むしろ、一人ひとりが自由にイメージを膨らませればよいのです。上人が生きた時代に思いを馳せながら、生地の誕生寺、青年期を過ごした比叡山、祈りを捧げた清涼寺、他宗と討論した勝林院、吉水の草庵跡とされる時宗・安養寺、配流の途次布教した瀬戸内の寺々や讃岐、終焉の地・知恩院、ご遺骨の眠る二尊院などを巡ってはいかがでしょうか。現在ではいずれも多くの参詣者や観光客で賑わう場となっていますが、一瞬おとずれる静寂のうちに、八百年の時空を超え、何かを語りかけてくる法然上人の姿に会うことができるかもしれません。

第6章

お釈迦さまのご生涯とその教え

仏教は古代インドにおいて誕生した宗教です。開祖はお釈迦さま（釈尊《しゃくそん》＝釈迦牟尼《しゃかむに》世尊《せそん》〈釈迦族出身の聖者の意〉）、実在の人物です。その実在の人物が仏となり、仏教を開かれたのです。

仏教の「仏」とは「仏陀」の略です。仏陀とは古いインドの言葉「ブッダ」を漢字で表したもの。「さとった」「目覚めた」という意味があり、さとりの境地に達した人を指します。仏教は「さとった人の教え」であり、「さとるための教え」であり、また「さとらせるための教え」でもあります。では、「さとり」とはいったいどのような境地なのでしょう。それは煩悩を断ち切ってはじめて実感できるといいます。

しかし、その煩悩に手足が付いたのが人間、ともいわれます。煩悩を断ち切ろうとするなら、人間とは何かを見つめる必要があります。仏教はそこを出発点としています。

「さとり」とは何かを探るべく、お釈迦さまのご生涯をたどり、さまざまなエピソードをまじえながら、仏教の森を進んでいくことにしましょう。

1 お釈迦さまのご生涯

◉煩悩を断つ

雲一つなく晴れわたった青空、清々しい風。木漏れ日だけがゆらゆらとする木陰に腰をおろし、何を考えるでもなく、何の憂いもなく、空《から》っぽでいられる自分に浸りながら満ち足りた気分になる――。「さとり」の境地をこんなふうに想像してみました。

仏教の目指すところは、さとりの境地です。「煩悩を断ち切った先に味わうことのできる境地」と言われれば、なるほどと思います。同時に、「煩悩を断ち切った人にしか経験できない境地」であることも分かっています。

煩悩を断ち切ることが条件というなら、いったいどれだけの人にそれが可能でしょうか。いったいどれだけの人が頷《うなず》くことができるでしょうか。仏教を知ろうとするとき、そこが問題になります。

煩悩を断ち切った人の話に耳を傾けるというのも一つの方法です。煩悩を断ち切った人とは、仏教の開祖、お釈迦さまです。さとった人「ブッダ」の行状とお言葉から、さとりの何たるかについて探っていこうというわけです。しかし、お釈迦さまほどの境地を、はたして私たちに共感することができるでしょうか。

それは難しいかもしれません。とすれば、共感すべきはお釈迦さまが断ち切ったという煩悩について、ということになりそうです。私たちにとっても断ち切る目標となるからです。

◉誕生

お釈迦さまは、現在のインドとネパールの国境付近に栄えた都市国家カピラ国を治めるシャカ族の王子としてお生まれになったといいます。時に紀元前四六三年（他にも説があります）。国を治めていたのはクシャトリヤと呼ばれる武士階級で、国王夫妻もお釈迦さまもそのクシャトリヤでした。ちなみに「釈迦」とは一族の名であり、お釈迦さまはゴータマ・シッダールタという名であったといいます。

お釈迦さまのご生涯はさまざまな伝説とともに仏典に語り継がれています。誕生についてもそうです。王妃は、白象が自分の胎内に入る夢を見て懐妊したといい、お産のために里帰りする途中で急に産気付き、ルンビニーの花園でお釈迦さまを出産されたということです。なんと、右脇から生まれたと伝承されています。これは、釈迦族が武士階級であることを示すための比《ひ》喩《ゆ》と解釈されています。お生まれになると、すぐさま自らの力で七歩歩まれ、右手で天を指し「天上天下唯我独尊《てんじょうてんげゆいがどくそん》」と宣言したといいます。

この言葉、「この世でただ私一人が尊い」と理解してしまうと、きわめて不遜に聞こえますが、いくつかの仏典には、この時、「この一生で輪廻《りんね》から解脱《げだつ》して仏となり、あらゆる衆生を生《しょう》・老《ろう》・病《びょう》・死《し》の苦から必ず救い摂《と》る」といった意味も併せて述べていると示されています。つまり「あらゆる衆生を苦しみから救い摂る。ほかの誰でもない、この私が救い摂る。だから仏となる」というお釈迦さまの強い決意が込められているのでしょう。

人生を歩む主人公はその人自身です。仏道を歩む主人公もまたその人自身です。「ほかの誰でもない、この私が仏となる」というお釈迦さまの決意は、仏道を歩もうと志す者であるならば誰もが心に刻んでおくべきでしょう。

お釈迦さまがお生まれになったルンビニーは、釈尊生誕の地として仏教の聖地の一つに数えられているほか、ユネスコの世界文化遺産にも登録されています。

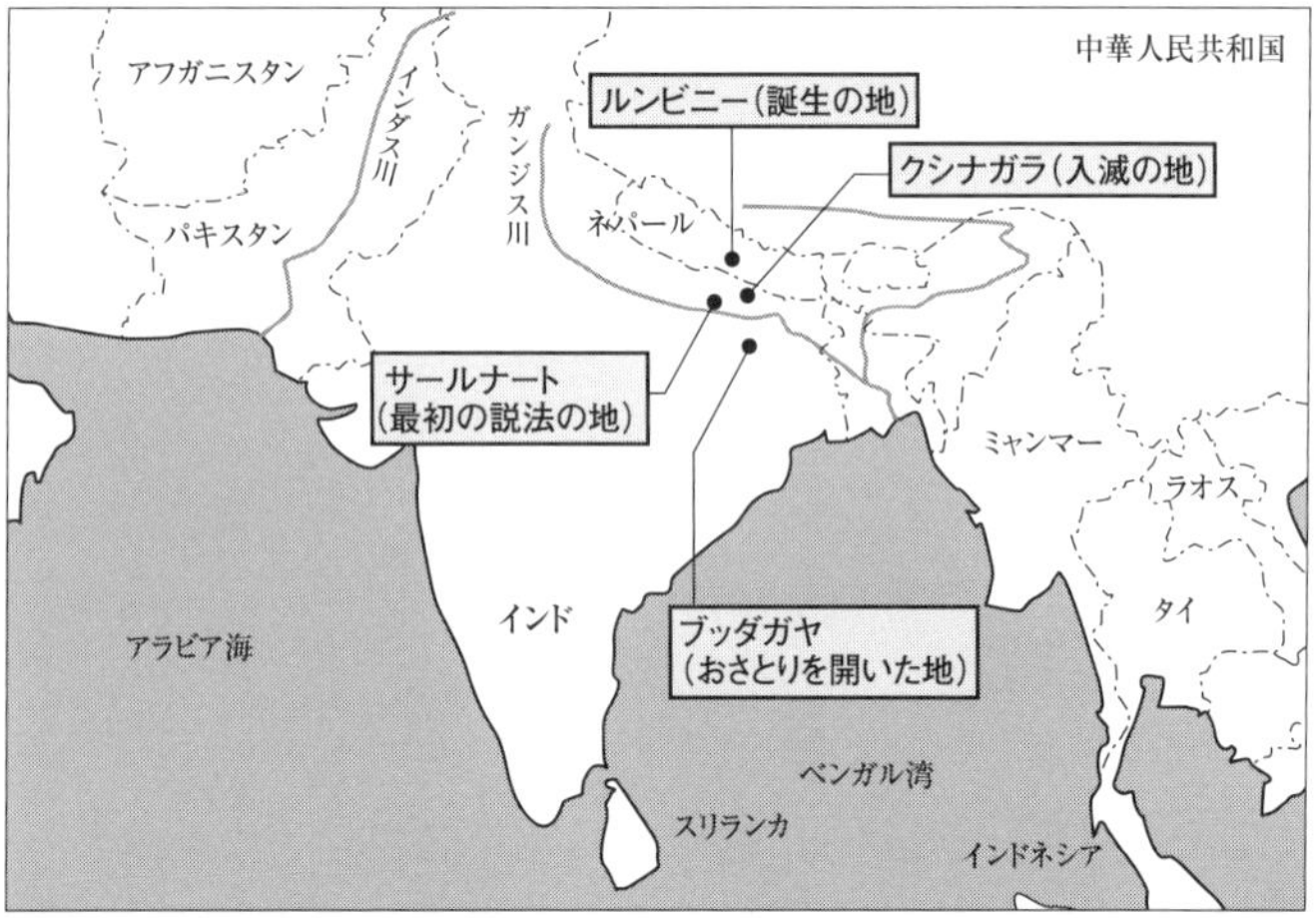

◉出家を志す

お釈迦さま（シッダールタ）の生涯を語るうえで欠かすことのできないのが生母の死です。シッダールタの生後七日にして亡くなってしまったといいます。母体にとって出産に生命の危険の伴うことは、医療の発展した現代であっても同じです。自分の誕生と引き換えに母親が亡くなった――この事実は青年期のシッダールタに大きな影響を与えたに違いありません。ちなみに亡くなった母親の名はマーヤー。古代インドの言葉で「幻」という意味があります。いつ消えるとも知れない私たちのいのち、そのはかなさを感じさせる響きがあります。

お釈迦さまの父であるカピラ国の王シュッドーダナは王妃亡き後、後添えに王妃の妹を迎えました。国王と新王妃夫妻は王子であるシッダールタにたくさんの愛情を注いだことでしょう。しかしシッダールタは、長じるうちに自身の誕生が生母の死と引き換えであったことに気が付くはずです。

その時、その悲しみをどう受け止めればいいのでしょう。「自分さえ生まれてこなければ母は命を落とさなかった」「どうせみな死んでしまうならば、生きることに何の価値があるのか」。そうした思いに心を悩ませていたとしても不思議はありません。

成長したお釈迦さまは妃《きさき》を娶《めと》り、子どもも生まれました。傍目《はため》には幸せの絶頂に映ったことでしょうが、王子はその位を捨て、社会や家庭の生活をも離れること（＝出家）を志します。もちろん国王（父）は思い止めさせようとしますが、この時、王子の出家の理由が明らかになります。

シッダールタは父王に「もし四つの願いごとを叶えてくれるのなら出家を思いとどめる」と申し出ます。その四つとは、「ずっと生き続けること」「病気にならないこと」「老いないこと」「取り揃えた品々が壊れたり損失しないこと」でした。父王は「そんな、誰にもできないことを願ったところで人に笑われるだけだ。眼・耳・鼻・舌・肌を楽しませるような欲望にしたがって人生を謳歌しろ」と答えます。

人がいつまでも死ぬことはなく、病気にもならず、老いもせず、何も失わないというのであれば、未来永劫にわたって欲望のままに人生を楽しむこともできるでしょう。しかし、そんなことはあり得ません。「楽しみを味わえば味わうほど、それを失うときの苦しみは痛烈なはず。楽しみを求めれば求めるほど、それが得られないときの悩ましさは痛切なはず」と、シッダールタは、欲望こそが苦悩の源と考えていたのでしょう。その欲望には「死にたくない」「病気になりたくない」「老いたくない」、さらには「生きたい」という、いわば本能も含まれます。自らの欲望、本能に逆らおうとすれば、傍目には暗く鬱《ふさ》ぎ込んでいるように見えるでしょう。次のようなエピソードが語り継がれています。

王宮の中で鬱ぎ込むシッダールタの姿を見かねた父王が「外には楽しいことがたくさんあるぞ」と外出をうながします。そこでシッダールタは王宮の東の門から外出します。シッダールタが歩く沿道は国王の指示により、若者にとって楽しいことばかりが目に触れるよう、事前に整えてありました。ところが、シッダールタの目に留まったのは老人でした。老いの姿を見ていずれ自分もそうなるのかと考え込み、王宮に引き返します。後日、あらためて南の門から外出しました。すると今度は病人を目にしました。同じように悲しい気持ちになり引き返しました。次は西の門から外出してみました。すると葬列と遭遇しました。やがて自分も死を迎える身と思った王子は、今度も引き返しました。後日、残りの北の門から外出した王子は沙門《しゃもん》（出家修行者）に出会います。その沙門に「あなたは何を求めて修行しているのですか」と尋ねると、「老・病・死を厭《いと》い、生死《しょうじ》輪廻からの解脱を求めて出家し、世俗の欲得から離れ、食の施しを乞いながら修行しています」と答えました。その言葉を聞いたシッダールタは即座に出家を決意、王宮に帰り国王に告げたのです。このエピソードは「四門出遊《しもんしゅつゆう》」と呼ばれ、老人も、病人も、葬列も、沙門も、実は浄居天《じょうごてん》という天人（神）がそれらの姿を現出させたといいます。

仏典に語り継がれる若き王子の時代のお釈迦さまは、いっときの欲望を満たすかりそめの楽しみよりも、苦悩から逃れる道を求めました。それが世俗を離れ、あらゆる欲望から身心を遠ざける出家でした。シッダールタ、二十九歳のときであったと伝えられています。

◉修行とさとり

出家したシッダールタはどのような修行をしたのでしょう。まず、苦行者たちが集う林に赴きました。彼らの修行はさまざまで、動物の生態、たとえば魚を真似て、ずっと水の中で生活を送ったりする者もいました。そうした苦行者たちはいずれも、死後は天界《てんかい》に生まれ変わることを目指していました。今の苦しみが後の世の幸せにつながると考えたのでしょうか。天界での幸せが修行者の目的であることを知ったシッダールタは落胆しました。天界の幸せにも限りがあり、天界での寿命が尽きれば次は地獄に堕ちることもあり得るからです。お釈迦さまが目指すところは、「生まれ変わり（輪廻）」そのものからの解脱です。天界の幸せも輪廻の中の話に過ぎません。お釈迦さまはあらためて師を求め瞑想《めいそう》による精神統一の重要性を学びましたが、師の教えには納得できませんでした。

シッダールタは、「死にたくない」「病気になりたくない」「老いたくない」「生きたい」という本能とも言うべき欲望、あるいは「天界に生まれ変わりたい」という欲望を厭い、それを断ち切って初めて、生死輪廻を離れたさとりの境地に到達できると考えていましたから、相当に強引な、厳しい修行を重ねたはずです。「生きたい」という欲望を断ち切るならば、まずはその欲望をあぶり出す必要があるでしょう。例えば食欲をあぶり出すには断食といった修行が有効かもしれません。これこそ苦行です。一日に胡麻と米、ひと粒ずつの食事であったとする伝記もあります。姿は痩《や》せ細っても身や心は軽くなり叡智が増すのだそうです。とはいえ、苦行はあまりに危険です。煩悩のあぶり出し方が死と隣り合わせだからです。まだ煩悩が残っているはずだからとあぶり出しているうちに死を招きかねないのです（これもまた「煩悩を断ち切りたい」という煩悩のなせる業なのかもしれません）。

シッダールタの苦行は六年に及んだといわれますが、断食を重ねて食欲に打ち勝ったところで食欲そのものを断ち切れるわけではなく、むしろ飲食を摂って身体をいたわってこそ心も安らいで静寂の境地に達し、もろもろの煩悩から離れ去ることができる、との考えに至りました。

シッダールタには、出家前の王子の時、すでに深い瞑想の体験がありました。きっかけは王宮から外出した際、農夫が畑を耕す様子を見ていた時のことです。土中から掘り起こされたたくさんの虫が死んでしまうのを目にし、心が痛みました。農夫は農夫で髪は乱れ汗がしたたり、土にまみれてやつれきっています。畑を鋤《す》く牛も、苦しそうに舌を出して喘《あえ》いでいます。シッダールタは憐れみ、傍らの木陰で物思いにふけり、目の前の苦しみを思いながら、あらゆる者の生き死にやものごとの無常について考えました。すると心が穏やかになり、眼・耳・鼻・舌・肌を楽しませるような欲望は消え去りました。そして老・病・死を自分自身のこととしてしっかりと見つめることが、他人を憎んだりしない心につながると思い定めると、心はただただ寂静《じゃくじょう》な境地に至り、もろもろの煩悩から離れ真実を見極める智慧《ちえ》が増していったというのです。

シッダールタはその時の体験を思い出し、苦行を捨て、瞑想による解脱を目指しました。まずは身を清めようと川で沐浴するのですが、すでに体力を失っていたシッダールタは川から上がることができません。このとき、天界の神々が岸辺の樹の枝を下に曲げてお釈迦さまに握らせ、岸辺へとよじ登らせたと伝えられています。苦行を捨てたシッダールタのことを天界の神々も応援したかったのでしょう。仏典によれば、このあとシッダールタは近くの村のスジャータという名の娘が差し出す乳粥《ちちがゆ》の供養を受け、体力を取り戻し、さとりに達するにふさわしい身となり、光り輝き崇高さを増したといいます。そして、菩提樹の下で足を組んで身を正して座り、さとりに達するまで決して立ち上がるまいと誓いました。

シッダールタはもともとカピラ国の王子でした。いずれは国王として国を治め、民を守る義務もありました。息子として、父親として、夫として、家族の絆も大切です。豊かな生活も約束されていたはずです。苦行に邁進しながらも、「本当にこれでいいのか」という葛藤もあったでしょう。しかし、そのすべてを迷いの世界に縛り付ける煩悩とみなして吹き消しました。

その葛藤は悪魔との戦いになぞらえられ、その戦いに完全に勝ったことを「降魔《ごうま》」と称し、菩提樹の下で瞑想を深める中での出来事として語り継がれています。

もっともシッダールタは、出家したからといって国や民や家族のことを忘れ去ったわけではありません。自分一人がさとるのではなく、あらゆる人々をさとりの境地に導きたいと願っていたのです。菩提樹の下での瞑想はますます深くなりました。すると、この世に生まれてくる前の、はるか遠い過去の自分の人生をありありと知ることができました。その前も、さらにその前も、無限とも言うべきはるか過去の自分の人生を悉《ことごと》く知ったのです。そして、その時の出会い、ご縁が今も生かされていることを知ります。そう、この世の生きとし生けるものは皆、かつて家族であったり、親族であったり、友人であったりしたのです。そのことを知ったシッダールタの心には、生きとし生けるものへの親愛の情が湧き起こり、放ってはおけない慈悲心が芽生えてきたのです。

しかし、彼らは六道に生死を繰り返す迷いの世界にとどまっています。シッダールタの精神統一は、彼らの未来へと向かっていきました。中には地獄や餓鬼や畜生の世界に堕ちていく者もいます。人間界や天界に生まれても、その幸福には限りがあります。さらなる幸福を求めるうち、貪りや怒りや身勝手な愚かさといった煩悩に縛られ、ついに迷いの世界から解脱することができないでいます。誰も彼も、迷いの世界に沈み続けているのです。

シッダールタの精神統一は、「生死はなぜ繰り返されるのか」「生死はなぜ起こるのか」という問題に向かっていきました。「この世界を創造した神がいて生命を生み出した」わけでも、「この世界の根源となる何かがあって生命を生み出した」わけでもなく、「私たちの根源となる常住不変の我《じゅうふへん》《が》（アートマン）があって生命を生み出した」わけでもありませんでした。私たちの意識も行動も、私たちが経験するこの世界も、そして私たちの生命も、私たちの生命を生み出そうとするはたらきも、私たちには明らかに自覚することのできない「生きようとする根源的な欲望」から引き起こされるとされていたのです。その欲望は「無明《むみょう》」と呼ばれます。深い瞑想の中、その無明をあぶり出し見極めたシッダールタは、無明に惑わされることのないさとりの境地に至り、生死を繰り返す輪廻から解脱し、仏となりました。これを「成道《じょうどう》」といいます。日本では十二月八日、三十五歳のときであったと考えられています。

ちなみにさとりの境地を古代インド語で「ニルバーナ」といい、その音を漢字に当てて「涅《ね》槃《はん》」といいます。「完全に吹き消した」という意味に解釈していいでしょう。静かな心の状態を指します。何を吹き消したのか。もちろん「無明」ということになるでしょう。

なお、お釈迦さまはブッダガヤの菩提樹の木の下でさとりに達したといわれています。成道の地として釈尊四大聖地の一つに数えられるブッダガヤには大塔が祀られ、世界中の仏教徒が参拝に訪れています。

◉梵天勧請と初転法輪

さとりの境地に達したお釈迦さまには、七日の間、あるいは「七七日《しちしちにち》」つまり四十九日の間、その境地に浸り続けたと伝えられます。古代インドで「七」という数字は永遠性・無限性を象徴することがあるそうです。

お釈迦さまが達した境地は「生きようとする根源的な欲望」、つまり無明に惑わされない境地ですから、富や名声はもちろん、家庭の団欒《だんらん》、果ては性欲や食欲、睡眠欲に惑わされないよう、あらゆる欲望から冷静に距離を置いた心境と言えます。財産を築き、家族や友人を思いやり、趣味を楽しみ、社会に貢献するのが人生を謳歌するということであるならば、お釈迦さまが辿り着いた境地はその対極にあると言えるでしょう。俗世の中でそうした生き方を貫いたなら、喜怒哀楽のない冷徹な人に思われるかもしれません。

しばらくの間、お釈迦さまがさとりの境地を楽しんだ理由には、ご自身の境地が他人には理解され得ない、世間に逆らっているものと自覚されていたからだと思われます。しかしそれでは、さとった者・仏陀の教えである「仏教」はお釈迦さまの胸中にしまわれたままになり、日の目を見ません。仏典によれば、梵天《ぼんてん》という天界の神がお釈迦さまに、どうか慈悲の心をもって教え（法）を説き弘《ひろ》めるようにと懇請《こんせい》したといいます。このことを「梵天勧請《かんじょう》」といいます。お釈迦さまの教えが、実は多くの人々に待ち望まれていたということを伝えるためのエピソードと思われますが、梵天の懇請にお釈迦さまは慈悲の心を培い、説法の決意を固めていきます。かりそめの苦楽に一喜一憂する人々に、本当の苦しみとは何か、その苦しみを滅するためにはどうしたらいいか、それを説き弘めることこそ、人々の真の幸せにつながるとお考えになっていったのでしょう。

◉初転法輪と弟子たち

仏となったお釈迦さまは、まず瞑想による精神統一の重要性を教えてくれた師のもとに行き、自らの教えを説き示そうと考えましたが、すでに他界していました。そこで、当初ともに苦行に勤しんでいた五人の修行者のもとを訪れます。そこはサールナートというところで、出家者が集う修行の地です。その五人はかつてお釈迦さまが出家したとき、父であるカピラ国の国王が王子を見守るよう出家させた釈迦族の若者でした。五人は苦行を捨てたお釈迦さまを堕落した落伍者だと考え、お釈迦さまが近づいてきても挨拶を交わすまいと申し合わせていました。ところが、いざお釈迦さまがやってくると、その威厳ある尊容に五人は敬いの心を抱かずにはいられず恭《うやうや》しく迎え入れたといわれています。

お釈迦さまは五人に教えを説き始めます。その教えを聞くや、「お釈迦さまは堕落者だ」などという考えは吹き飛び、五人からはあらゆる煩悩が消え去り、清浄《しょうじょう》な真理の眼を獲得したといいます。つまりさとりの境地に達したのです。お釈迦さまを含めこの六人が、仏教教団を形成する礎となりました。なお出家修行者の集まりを古代インド語で「サンガ」といい、「僧《そう》伽《ぎゃ》」と漢字に当てています。略して「僧」といいます。僧侶の「僧」はここに由来します。広く在家信者も含めて「サンガ」と理解されることもあります。

釈尊の説く教えは真実の道理を示すものとして「法」といわれます。法は車輪に譬《たと》えられます。法は弘めていくものです。車輪が回転して遠くへ行くように、弘められていく教えの姿を「転法輪《てんぼうりん》」と呼びます。お釈迦さまが初めて法を説いたのは五人の修行者に対してでした。これを「初転法輪《しょてんぼうりん》」といい、その舞台となったサールナートは仏教の聖地の一つに数えられています。

「初転法輪」の後、お釈迦さまに一つの出会いがありました。ベナレスの長者の息子ヤサとの出会いです。恵まれ過ぎて何一つ不自由のないのが不満と言えば不満といった若者でした。夜遊びに疲れ果てたある朝、ヤサが目を覚ますと、昨晩は化粧してきれいに着飾り、ヤサを楽しませていた女性たちが見苦しい姿で寝入っています。一気に虚しくなったヤサの足は修行者が集うというサールナートに向かいます。そこでヤサはお釈迦さまに出会います。ヤサの心を見抜いたお釈迦さまは、分かりやすく教えを説き示しました。するとヤサからあらゆる煩悩が消え去り、清浄な真理の眼が獲得されたといいます。初転法輪における五人の修行者と同じように、さとりの境地に達していったのです。

② 真理を示す

◉苦しみの源と、そこからの解放

お釈迦さまの教えはさまざまに伝えられ、だんだんと体系的にまとめられるようになり仏教として発展していきます。そのうち四聖諦《ししょうたい》、八正道《はっしょうどう》、あるいは三法印《さんぼういん》（もしくは四法印《しほういん》）といわれるものが、お釈迦さまの教えの基本として位置付けられています。

形あるものは、いつか壊れてなくなります。どれほど大切なものでも壊れます。いやだと言っても壊れます。そこに苦しみが生じます。自分のいのちは大切です。しかし生まれた限りは誰でも死を迎えます。老いもします。病気にもなります。いやだと言っても、病み、老い、死に至ります。病・老・死、いや生まれるときですら肉体的な苦痛が伴います。その苦痛をいやだと言っても、現実はそれに反しています。そこに苦悩が伴います。生・老・病・死に苦痛や苦悩が伴う以上、人生にはずっと苦しみが伴うことになります。このことを「一切皆苦《いっさいかいく》」といっています。

私という一人の人間はさまざまなご縁によってこの世に誕生しました。単に父母が結ばれただけではありません。父母が結ばれるに至るにも、多くのご縁があったはずです。今現在の私にも多くのご縁、出会いがあって今の私があります。この先もきっと多くのご縁、出会いがあって未来には未来の私がいるはずです。もっとも、別れや途切れてしまうご縁もあるでしょう。過去の私も、現在の私も、未来の私も、それぞれそのときどきの出会いやご縁によって織りなされ、常に更新される自分がいるはずです。そして、この世で私のいのちを支えているご縁がすべて切れてしまうとき、死が訪れます。私を含め、さまざまなご縁が結ばれ、支え合って存在しようとしている現象のことを仏教の用語で「行《ぎょう》」といいます。ご縁や出会いはそのときどきで変化します。その変化にしたがって「私」も常に更新され続けます。「私」も含め、もろもろの「行」は変化して止みません。そのことを「諸行無常《しょぎょうむじょう》」といいます。

さまざまなご縁に織りなされて現在の私たちが存在しています。そのご縁を一つずつ引き抜いていくと何も残りません。それは私たちが今現に経験しているこの世界も同じことです。この世界やこの世界に存在しているもの、起こっている現象を仏教の用語で「法《ほう》」といいます。そこには私たちを生み出している創造神も、輪廻する私の根源となるような存在（古代インド思想でアートマン〈我《が》〉と呼ばれるもの）も、あるいはあらゆる物質の根源となるような存在も認めることができません。このことを「諸法無我《しょほうむが》」といいます。

「諸行無常」ですから、永遠に変わらないことを望んでも叶いません。形あるものが壊れるのも、世の中が変化するのも、人の心が移ろいでいくのも、それは「諸行無常」だからです。

愛する人とはずっと一緒にいたいものです。けれども、いやでもいつか別れがやってくる。別れたくないのに別れなければならないから、それが苦しい。「愛別離苦《あいべつりく》」といいます。反対に、許せない人とは一瞬たりとも一緒にいたくないものです。ずっと会わずにすませたいものですが、いやでも、会うときは来ます。会えば怨みや憎しみが湧き出て、それが苦しい。「怨憎会苦《おんぞうえく》」といいます。

出会いもご縁もそのときどきの巡り合わせです。思い通りにいくものではありません。思い通りに願いが叶うわけでも、欲しいものが欲しい時に手に入るわけでもありません。にもかかわらず、思い通りにならないものを思い通りにしようとするから、そこに苦しみが生じます。「求不得苦《ぐふとくく》」といいます。

人間は身と心に分けて捉えることができます。身体には物質（色《しき》）という側面があり、心には苦楽といった感情を生み出す作用（受《じゅ》）、物事を捉える作用（想《そう》）、思いをめぐらす作用（行《ぎょう》）、物事を判断する作用（識《しき》）といった側面が認められるといい、これら色・受・想・行・識を五《ご》蘊《うん》といいます。この五蘊が一つに結ばれるというご縁があって私たちは初めて存在するようになります。まさしく「諸法無我」です。そもそも私たちは「諸行無常」にあらがうように出来上がっています。無常にあらがい、永遠や不変を求めます。しかしそれは、ついぞ叶いません。叶わないものを思い通りにするように求める質《たち》が、私たちを苦しくさせるのです。これを「五《ご》蘊盛苦《うんじょうく》」といいます。

生・老・病・死の「四苦」に「愛別離苦」「怨憎会苦」「求不得苦」「五蘊盛苦」の四つを合わせて「四苦八苦」という言い方をしますが、お釈迦さまは私たちがまさに四苦八苦の中に生きていると見定め、私たちの人生が苦しみに満ちているのは動かしがたい一つの真実であると結論付けました。これを「苦諦《くたい》」といいます。「諦《たい》」とは真実という意味です。

何ごとにも原因があります。原因があるから結果があります。結果が出るにはさまざまな条件が整う必要もあるでしょう。そのことを仏教では「縁起《えんぎ》」といいます。苦しみにも原因があり、その原因にさまざまな条件が集まって、あるいは引き寄せられて苦しみという結果が出てきます。お釈迦さまはこれもまた動かしがたい一つの真実であると見定めました。「集諦《じったい》」といいます。すべての苦しみは「諸行無常」や「諸法無我」を認められない、納得できないことに始まると言っていいでしょう。

原因があるから結果があります。原因がなければ結果もありません。結果を出さないようにするなら原因をなくせばよいのです。そうです。苦しみという結果をなくしたいのなら、苦しみの原因を消滅させるしかありません。お釈迦さまはこれもまた動かしがたい一つの真実であると見定めました。「滅諦《めったい》」といいます。原因を消滅させるには、まず「諸行無常」や「諸法無我」を私自身の問題として、ありのままに受け容れるしかありません。

それは感覚の問題です。頭で理解するだけではなく、身心に馴染ませる必要があるでしょう。ここに「仏道」を歩む必要が生じてくるのです。原因をなくすにはなくすなりの方法「道」があり、苦しみをなくすにはなくすなりの「道」が必要となります。お釈迦さまはこれもまた動かしがたい一つの真実であると見定めました。「道諦《どうたい》」といいます。

お釈迦さまは、正しいものの見方（正見《しょうけん》）、正しいものの考え方（正思惟《しょうしゆい》）、正しい言葉遣い（正語《しょうご》）、正しい振る舞い（正業《しょうごう》）、正しい生活（正命《しょうみょう》）、正しい努力（正精進《しょうしょうじん》）、正しい気遣い（正念《しょうねん》）、正しい精神統一（正定《しょうじょう》）の八つの道「八正道《はっしょうどう》」（八聖道）が大切であると説かれました。ここでいう「正」とは、「諸行無常」や「諸法無我」を私自身の問題として身心に馴染ませるという観点で理解すべきでしょう。

仏道を歩むということは、人生の苦しみを見つめ、その原因である煩悩を自覚し、その煩悩を吹き消すことを目的に、それぞれの立場で修行に努めることにほかなりません。そして煩悩を吹き消した時、寂静の境地が訪れさとりを得るのです。「涅槃寂静《ねはんじゃくじょう》」の境地こそ仏教の目指すところです。「諸行無常」「諸法無我」「涅槃寂静」は仏教の教えを代表する旗印として「三法印《さんぼういん》」と称され、またここに「一切皆苦《いっさいかいく》」を加えて「四法印《しほういん》」と称されることもあります。

◉三宝に帰依する

ところが、ここで一つの問題があります。煩悩を断ち切るにはお釈迦さまがしたような修行が必要です。しかし思い出してみてください。お釈迦さまの説法を聞いただけでさとりの境地に達したヤサやヤサの友人は、その時まで修行らしい修行を何もしていません。五人の修行者にしても、お釈迦さまのように苦行に勤《いそ》しんだにしろ、さとりの境地に達するための修行はし

コラム⑭ 諦めの教え!?

　いつの時代でも、世界のどこであっても変わることなく、何があっても曲げることの出来ない道理や法則。人はそれを「真理」と呼びます。インドで誕生した仏教が中国に伝わると、真理を意味するインドの言葉は「諦」という漢字で表されました。

　この「諦」、「あきらめる」と訓じられます。これ以上どう頑張っても希望が実現できないと認めて断念する。普通は、そうした使い方で「あきらめる」を理解します。ただし、人間は真理に反した希望を抱くことが多々あります。仏教は、「原因があるからこそ結果がある」として因果の道理を説きます。これは一つの真理です。例えば、清潔できれいな部屋に住みたいのであれば、部屋をこまめに片付け、掃除すればいいはずです。それが道理です。その道理に反しては、望みは叶いません。イヤでもこまめに掃除する。その道理をしかと受け止め、身に刻むことが、仏教で言う「諦める」なのです。「もう無理」「どうでもいい」と断念しては何も変わりません。「諦め」て初めて次の一歩が踏み出せるのです。

　世の中には認めたくない真理もあります。その最たるものが「死」です。この世に生を享《う》けたからこそ死が訪れます。「死にたくない」という希望は真理に反します。絶対に叶いません。認めたくない真理であっても、それを真理として受け容れ、諦める。これには勇気が必要です。勇気を持ち続けることを「精進」と言います。諦めて精進する。きっと次の一歩が踏み出せるはずです。

ていないと考えるべきでしょう。それではなぜ、彼らは教えを聞いただけでさとりの境地に達することができたのでしょうか。それは、その教えが仏となったお釈迦さまの人徳を通じて発せられた言葉だったからではないでしょうか。お釈迦さまの説法には人々をさとりに導く力、功徳《くどく》がそなわっていたと考えるのが妥当と思われます。

さとりの境地に達したヤサは迷うことなく出家を望みました。一方ヤサの家では母親が、姿の見当たらなくなったヤサを心配しながら待っています。そこで長者（父親）がヤサを探し歩きます。お釈迦さまのもとにも長者がやってきてヤサの居場所を尋ねます。お釈迦さまは「ヤサに会わせる」と言いつつ長者を座らせ教えを説き始めました。長者はお釈迦さまの教えに耳を傾けます。すると長者にもある種の清浄な真理の眼が獲得されたといいます。これもまたお釈迦さまにさとりに導く功徳がそなわっていた証と見るべきでしょう。

さとりの境地に近付いた長者は、終生、お釈迦さま（仏）と教え（法）と修行者の集い（僧）に帰依すると宣言しました。在家《ざいけ》信者の誕生です。しかし、長者はヤサを心配する母親が気がかりでなりません。そこでお釈迦さまは長者に、「ヤサは長者と同様の、いやそれ以上の境地に至っている」と聞かされます。長者はヤサの出家を許し一人帰路につきました。

その後、お釈迦さまはヤサを随行にして長者の家を訪ね、ヤサの母親とヤサの妻に法を説くと、彼女たちも長者と同様の境地に達し、仏・法・僧に帰依すると宣言し在家信者になったといいます。さらにヤサの出家を知った友人たちが次々とヤサのもとを尋ね、お釈迦さまから法を聞くと、やはりその友人たちにも清浄な真理の眼が生じてさとりに達し、出家したといいます。まさにお釈迦さまの功徳が振り向けられているのです。お釈迦さまのもとに多くの出家修行者、仏弟子たちが集うようになりました。

遠方からも出家希望者が現れるようになり、仏弟子たちはその者たちをお釈迦さまのもとに連れてくるようになりました。しかし、それも度重なるとそれぞれの負担が増します。お釈迦さまは一計を案じました。それまではお釈迦さまみずからが法を説き、弟子となる者たちを出家させてきましたが、仏弟子たちが出家希望者の髪を剃り、袈裟《けさ》や衣《ころも》を着けさせ、出家させてよいことにしたのです。ただしお釈迦さまは弟子たちに、「仏・法・僧に帰依する」と出家希望者に三度唱えさせるよう求め、それをもって出家の作法としたのです。

仏・法・僧は三宝《さんぼう》と呼ばれています。仏道を歩む者にとって宝のように大切なものということでしょう。その三宝に帰依することを「三帰依《さんきえ》」といい、仏教における信仰の基本とされています。そもそも仏・法・僧に帰依するというのはヤサの父親が言い出したことです。その三帰依の言葉をお釈迦さまは出家の際の作法として授けるよう弟子たちに託しました。それまで出家に際しお釈迦さまから直接法を聞く者はさとりの境地に導かれていました。お釈迦さまは、それと同じ功徳を、今度は三帰依の言葉を唱える者にももたらそうとしたのではないでしょうか。

御仏はなぜ信じ敬うに値するのか。それは御仏に私たちをさとりの境地へ導こうという慈悲心と、導く力があるからにほかなりません。御仏を信じ敬うことも私たちにとって仏道修行の姿なのです。もしそうであるならば、三帰依の言葉を唱える限り、私たちはお釈迦さまの功徳に浴することができるはずです。

◉お釈迦さまをめぐる人々

［四衆］

お釈迦さまのもとには多くの仏弟子が集い、またヤサの父母や妻のような在家信者が男女を問わず数多く帰依しました。仏教教団を構成する男性出家者（比丘《びく》）、女性出家者（比丘尼《びくに》）、男性在俗信者（優婆塞《うばそく》）、女性在俗信者（優婆夷《うばい》）を四衆《ししゅ》と呼んでいます。特筆すべきは、女性の出家修行者、尼僧《にそう》（比丘尼）も数多くいたことです。岩波文庫に『尼僧の告白』という本があります。尼僧の心境を伝える仏典を故中村元《はじめ》博士が訳したものです。そのあとがきに「尼僧の教団の出現ということは、世界の思想史においても驚くべき事実である。当時のヨーロッパ、北アフリカ、西アジア、東アジアを通じて、〈尼僧の教団〉なるものは存在しなかった。仏教がはじめてつくったのである」とあります。また中村博士は、ギリシャ人が伝えるインド見聞記の中に、「インドには驚くべきことがある。そこには女性の哲学者たちがいて、男性の哲学者たちに伍《ご》して、難解なことを堂々と議論している」といった意味の記述があると紹介し、主に仏教の尼僧に言及したものではないかと指摘しています。

老若男女にかかわりなく、また出家してもしなくても、誰もが煩悩を抱えています。だからこそ仏法を求めます。そもそも仏道を歩むのに男女の違いは関係ありません。仏道を真剣に歩めば、誰でもさとりの境地に向かっていくのです。ちなみに一番最初に尼僧となったのは、お釈迦さまの継母《ままはは》マハープラジャーパティでした。

［怨親平等］

お釈迦さまの言葉を伝える仏典に『ダンマパダ』（同系統の仏典として漢訳経典『法句経《ほっくきょう》』など）があります。その第一七偈の詩句は「悪いことをなす者は、現世で苦しみ、来世で苦しみ、両方で（悶々《もんもん》と）苦しむ。私は悪いことをしたのだと苦しみ、悪趣《あくしゅ》に堕ちてさらに一段と苦しむ」という教えであり、この詩句について註釈書は「殺人者のデーヴァダッタにおいても、盗賊のアングリマーラにおいても、〔酔って釈尊を殺害しようとした護財象〕ダナパーラにおいても、そしてまた〔我が息子〕ラーフラにおいても、〔私、釈迦は〕すべてにおいて同じ思いを抱いている」という詩句を用いて解説を試みます。

デーヴァダッタはお釈迦さまの従兄弟《いとこ》で初めは仏弟子でしたが、仏典では、自分がお釈迦さまに取って代わろうとして仏教教団を分裂させ、目的のためには殺人も辞さず、さらには凶暴な象ダナパーラを放つなどしてお釈迦さまの殺害を謀《はか》った大悪人として描かれています。アングリマーラは、その名の意味するところが「指を首飾りとする者」であって、人を殺してその指を切り取り首飾りにしていましたが、お釈迦さまと出会い、改心して仏弟子となり、人々の非難に耐えながら償《つぐな》いの日々を送り、ついにさとりの境地に入ったという人物です。ラーフラはお釈迦さまがまだ王子の時代、妃ヤショーダラーとの間にもうけた一人息子で、のちに出家し仏弟子となります。

悪行を犯せば、その報いとして苦しみを味わいます。悪行は犯すべきではありません。それはお釈迦さまの教えの大前提です。しかし、たとえ悪行を犯したからといって、その者をお釈迦さまが見放すことはない、というのが註釈書の言いたいことでしょう。

たとえ自分を殺害しようとした者でも、取り返しのつかない罪を犯した者でも、仏道を歩めばさとりの境地に向かうことができる。それがお釈迦さまの教え、仏教です。だからこそデーヴァダッタもアングリマーラも、あるいは象のダナパーラも、生きとし生けるものに我が子ラーフラと何ら区別することなく慈悲を振り向けるのです。お釈迦さまの慈悲が「怨親平等《おんしんびょうどう》」と言われる所以《ゆえん》です。

お釈迦さまを巡っては大勢の人々のことが語り継がれています。そのすべての人々に、お釈迦さまは怨親平等の御心で接し、それぞれのために、それぞれに適した法を説きました。これは「対機説法《たいきせっぽう》」と呼ばれます。その結果、お釈迦さまの教えは後世、「八万四千《はちまんしせん》の法門」と評されるほどにバリエーションに富んだものとなりました。それら一つ一つの教えに、その教えを授けた相手のさまざまな人生を読み取ることができるかもしれません。

◉お釈迦さまの最期と出世の本懐

仏典に伝わるお釈迦さまのご生涯からは、お釈迦さまには人をさとりに導く力、功徳がそなわっていたと読み取ることができます。お釈迦さまから親しく法を聞くことのできた人は本当に幸せだったと思います。しかし、お釈迦さまもこの世から去るときがやってきます。仏典によれば、お釈迦さまは旅の途中で体調を崩し、「修行者たちよ、諸行は無常である。たゆむことなく目的を達成せよ」、つまりは「さとりに至れ」との言葉を残し、クシナガラという地でお亡くなりになりました。八十歳であったとされています。一説には紀元前三八三年のこととされ、日本では二月十五日のことであったと伝えられています。お釈迦さまがお亡くなりになったことを「仏滅《ぶつめつ》」とか「入涅槃《にゅうねはん》」「般涅槃《はつねはん》」などといいますが、クシナガラは涅槃の地としてお釈迦さまの四大聖地の一つに数えられています。

仏滅後も今日に至るまで仏教の歴史が刻まれていますが、仏滅は仏道を歩む者にとって大きな問題であったことでしょう。お釈迦さまがご存命であれば親しくその功徳にふれることができできます。さとりへと導かれる道が開かれています。しかしお釈迦さまが亡くなってしまえば、お釈迦さまにそなわっていた功徳はどうなるのか。この世から消え去ってしまうという危機感を抱いたとしても不思議はありません。

ある仏典はお釈迦さまの言葉として、「自分が亡くなったならば荼毘《だび》（火葬）に付し、ストゥーパ（卒塔婆《そとば》）を建立して遺骨を納めよ。そしてそれを私だと思って供養し礼拝《らいはい》するならば心が清らかになる」といった意味のことを伝えています。あるいはお釈迦さまのご誕生の地（ルンビニー）、成道の地（ブッダガヤー）、初転法輪の地（サールナート）、涅槃の地（クシナガラ）を巡礼すれば心が清まるとも伝えます。いずれにせよお釈迦さまの痕跡に、お釈迦さまの功徳を見出すことができるとの思いがあったのでしょう。

二千五百年以上にわたる仏教の歴史の中で、お釈迦さまの功徳に直接ふれることができたのはおさとりから亡くなるまでの四十五年間に過ぎません。その後は、私たちをさとりの境地へと導いてくれる功徳をいかに見出すのか、という探求の歴史だったのではないでしょうか。

浄土宗の開祖である法然上人は、仏教の真髄、お釈迦さまの教えの真意を、数多くの経典のうち『無量寿経《むりょうじゅきょう》』『観無量寿経《かんむりょうじゅきょう》』『阿弥陀経《あみだきょう》』（浄土三部経《じょうどさんぶきょう》と総称しています）の中に見出そうとしました。これらの経典からはご自身の死後を意識するお釈迦さまの姿を読み取ることができます。お釈迦さまがご自身亡き後の仏教の姿を説き示そうとされているのです。その仏教の姿こそ、今現に西方極楽浄土にましますす阿弥陀仏が、迷いの世界にいる私たち凡夫《ぼんぶ》を極楽に導いていく、お念仏による凡夫の極楽往生の教えでした。阿弥陀仏は未来永劫にわたって極楽浄土で法を説き続けます。往生すれば誰もがさとりの境地へと導かれるのです。

阿弥陀仏はお釈迦さまが仏になるはるか昔に仏となられています。お釈迦さまはご自身が仏になって初めて阿弥陀仏の存在に気付き、その救いをこの世に示そうとしたのです。お釈迦さまが未来永劫にわたって人々をさとりの境地に導いていこうと願っていたならば、お釈迦さまは念仏往生の教えを示して初めて、ご自身の目的を果たすことができたのではないでしょうか。念仏往生の教えを示すことこそ、お釈迦さまの「出世《しゅっせ》の本懐《ほんかい》」（この世に生まれてきた真の目的）であったと評されています。

お釈迦さまのお姿はこの世から消え去りました。しかし、私たちが三帰依《さんきえ》を表明してとなえるならば、私たちはお釈迦さまの弟子となり、信者となることができます。同様に、私たちが極楽往生を願い阿弥陀仏の名号をとなえている限り、私たちはお釈迦さまの教えを受け継ぐ者となることができます。

法然上人の『登山状《とざんじょう》』という文献には、善導大師が著した『観経疏《かんぎょうしょ》』から「釈迦はこの方《かた》にして発遣《はっけん》し、弥陀はかの国より来迎《らいこう》したもう。此《ここ》に遣《や》り彼《かしこ》に喚《よ》ばう、あに去らざるべけんや（お釈迦さまはこの娑婆《しゃば》世界にあって、極楽を目指すようにと私たちに勧め、阿弥陀さまは極楽から私たちを迎えにきてくださる。こちら〈娑婆〉では「往《ゆ》け」と、あちら〈極楽〉からは「来たれ」と招き呼んでくださっています。どうしてそのとおりにしないという法があるだろうか）」というお言葉が引用されています。

浄土宗の教えにおける「救い」は、私たちを極楽へと迎え摂《と》ってくださる阿弥陀仏と、私たちを教え導いてくださるお釈迦さま、この二尊によるものなのです。

コラム⑮ 阿弥陀さまとお釈迦さま

風邪をひいたり、お腹が痛くなれば、まずは近所の病院で診てもらいますね。ホームドクターを定めている人もいるでしょう。しかし精密検査や高度な治療が必要であるとホームドクターが判断すれば、大きな病院を紹介してくれます。大病院は専門医やスタッフ、設備が充実しているからです。ホームドクターと大病院ではおのずと役割は異なりますが、目的はいずれも私たちのいのちを救うこと。両者は連携して医療に当たります。

浄土宗の教えに「二尊のあわれみ」（法然上人『一枚起請文』）という言葉があります。二尊とはお釈迦さまと阿弥陀仏のことです。浄土宗の教えは、私たちを救おうとする阿弥陀さまの本願を信じて「南無阿弥陀仏」とお念仏をとなえ、極楽往生を願うというものです。阿弥陀仏さまを信仰するのが浄土宗です。ただし、その教えを私たちに説き示し、お勧めになったのはお釈迦さまです。その恩を忘れてはなりません。

本文にも記しましたが、法然上人は善導大師の言葉を承《う》け、「釈迦はこの方にして発遣し、弥陀はかの国より来迎したもう。此《ここ》に遣《や》り彼《かしこ》に喚《よ》ばう、あに去らざるべけんや」（『登山状』）と説いています。私たちをこの世から極楽浄土へと送り出すのがお釈迦さまの役割。この世の私たちを極楽浄土に迎え摂るのが阿弥陀仏の役割。この二尊の連携こそ「二尊のあわれみ」と呼ばれます。「あわれみ」とは慈悲の心にほかなりません。

第7章

仏像に親しもう

皆さんは「仏像をイメージしてください」と言われたらどのような姿がうかんでくるでしょうか。お寺に祀《まつ》られている仏像？ 博物館の仏像？ 黄金の仏像？ 古びた仏像？ おそらく一言に仏像といっても、そのイメージは人それぞれ違うと思います。

そもそも、「仏像」とは何なのでしょうか。日本で暮らす私たちはお寺や博物館に行けば仏像と出会うことができ、当たり前のように手を合わせています。仏像とはもちろん、仏教における偶像であり「信仰の対象」です。しかし、仏像は本来の信仰の対象としてだけではなく、国宝（重要文化財）に指定されるなど「美術品」といった側面を持ってもいます。

書店に行けば「仏像の見方、鑑賞の仕方」といった内容の本を目にすることがあります。筆者も職業柄、仏像の見方などについての質問をされることがあります。仏像に「見方」というものがあるかは分かりませんが、筆者は「まずは、なるべく余計なことは考えず純粋な気持ちで手を合わせて拝んでみて、感じてください」と提案しています。自然に手を合わせて、自分が「いいな、ありがたいな」と思えることが仏像への一番の向き合い方だと思います。それに加えて仏像がどこからきて、どのようにして作られているのかなど、ほんの少しの知識があれば、より仏像を身近に、ありがたく感じることができるのではないかと思います。ですから、ここでは仏像のことをもっと知っていただくために、その歴史や背景、造像技法などさまざまな観点から述べていくことにしましょう。

① 仏像の誕生と展開

◉仏像は、いつ、どこで?

仏像に親しんでいただくための導入に、まずは仏像の起源についてふれていきましょう。そもそも、仏像はいつ、どこで誕生したのでしょうか。

仏像は日本で誕生したわけではありません。仏教が生まれた国、インド地方にその起源があります。お釈迦さまによって仏教が興った当初(紀元前五世紀頃)では、今日私たちが行っているような「お釈迦さまの像(仏像)を造って拝む」という、いわゆる「偶像崇拝」の習慣はありませんでした。初期の仏教では「お釈迦さまご本人を拝む」というものではなく、「苦しみから逃れるにはどのように生きるか」という、お釈迦さまの教えにも

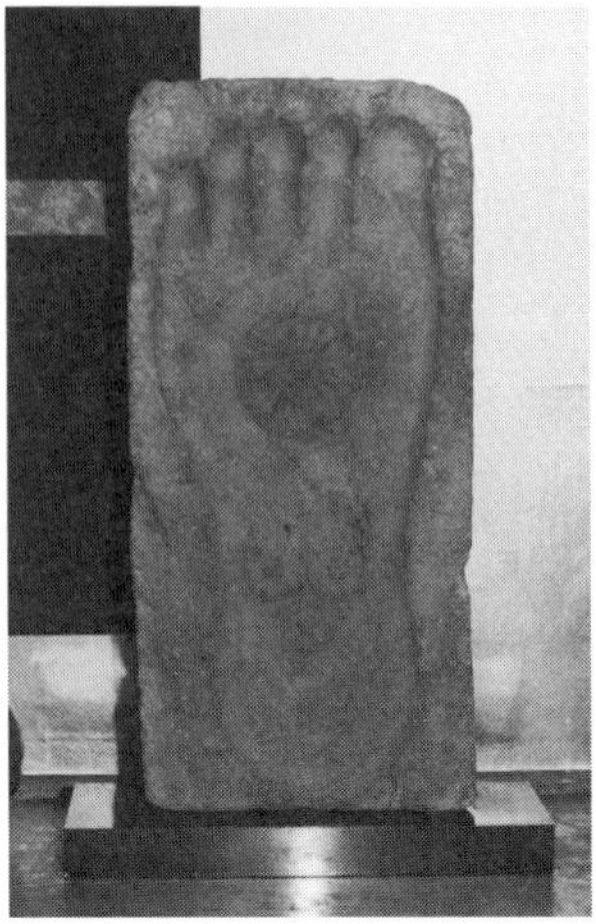

①仏足石(東京・善養蜜寺蔵)

とづいた実践的なものであったため、偶像は必要ではなかったのです。

しかしお釈迦さまが入滅《にゅうめつ》されて時が経つと、人々はよりどころを必要とし始めました。とはいえ、お釈迦さまの姿をそのまま像とするにはあまりにも畏《おそ》れ多いので、ひとまず象徴的なものとして、お釈迦さまがその下でさとりを得たという「菩提樹」、お釈迦さまの足跡を象《かたど》った「仏足石《ぶっそくせき》」（写真①）、お釈迦さまの教えが広がっていく様子を図案化した「法輪《ほうりん》」などを作り、それらを拝むということがなされ始めました。

②パキスタン・ペシャワール出土の如来像（2～3世紀）
（Image：TNM Image Archives）

さらに時が経つと、人々の中に「お釈迦さまそのもののお姿を拝みたい」という想いが湧いてきました。その想いの高まりとともにお釈迦さまの姿をした像、いわゆる「仏像」が誕生していくことになります。

仏像の誕生は厳密にははっきりしていませんが、西暦一〇〇－二〇〇年頃のクシャーナ王朝時代に今のインドの北西にあったガンダーラ（現在のパキスタン北西部からアフガニスタン東部）という地域で、古代ギ

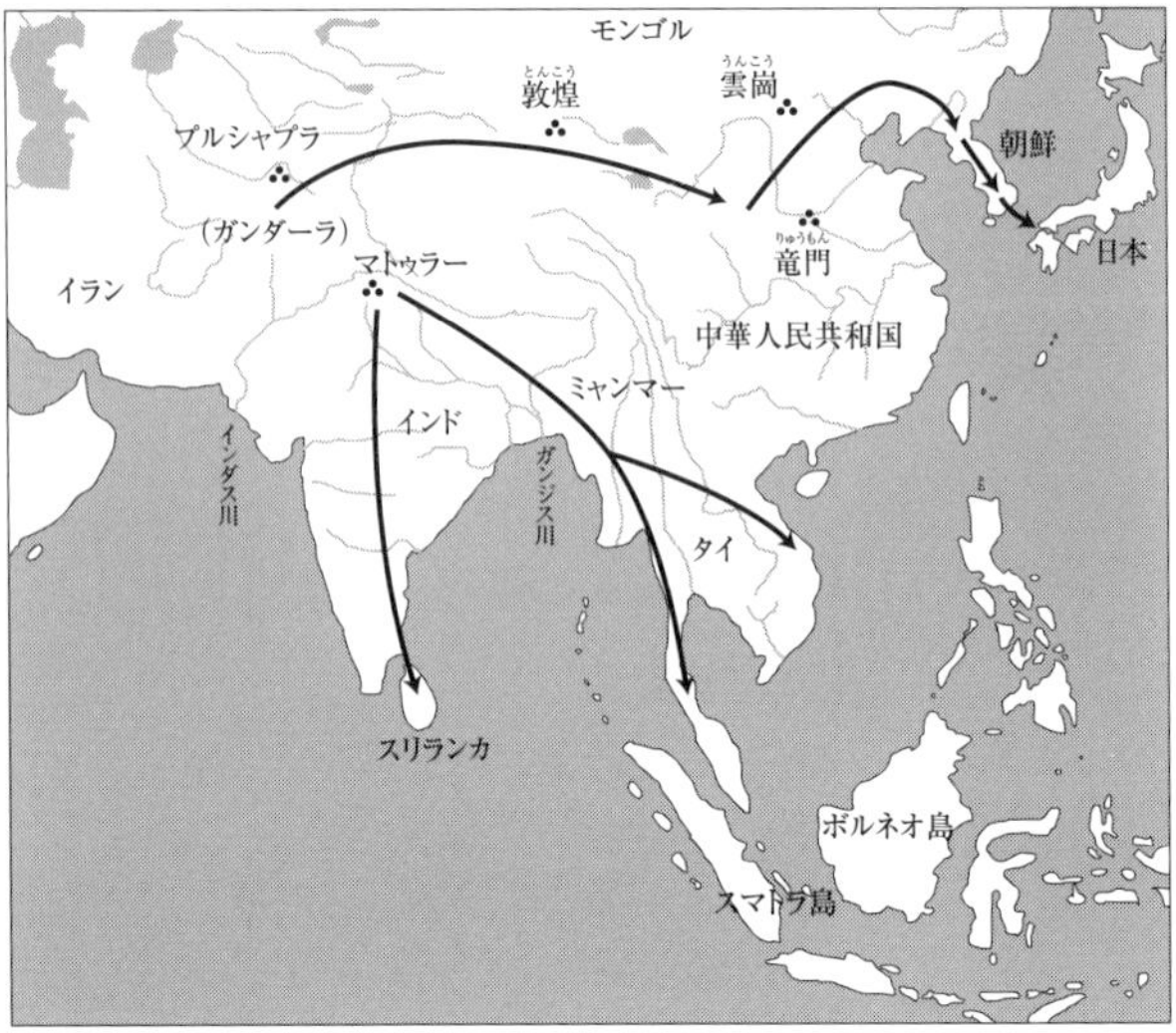

③仏像の伝播

リシャのいわゆるヘレニズム文化の影響を受けた仏像と、北インドのマトゥラー地域というところで生まれた仏像が、同時期にそれぞれ異なった様式で作られ始めたとされています（写真②）。これらの仏像はやがて、仏教の伝播《でんぱ》と共に南インドやチベット、中央アジアに伝わり、中国、朝鮮半島を経て日本へ伝わります。そして仏像はこの広がりの中で、各地域の文化を取り入れながら仏教と共に展開してきました。

現在、さまざまな仏像が存在しますが、仏像が制作された初期のモデルはこの世に実在した「お釈迦さまご自身の姿」だったのです。

◉いろいろな仏さま——五つのグループ

仏像の起源を辿《たど》っていくと、そのモデルはお釈迦さまだったということがわかりました。しかし、現在私たちが拝んでいる仏像はお釈迦さまの像だけではなく、阿弥陀如来像、観音菩薩像、不動明王《ふどうみょうおう》像などたくさん存在しています。その姿も優しい表情、怒ったような表情（忿《ふん》怒形《ぬぎょう》）、顔や手が複数ある異形《いぎょう》の像など多種多様です。これは、中央アジアへと伝わった大乗仏教はお釈迦さま以外の諸仏の存在を説いており、仏教の伝播する過程において各地域の文化や土着の信仰が仏教に取り入れられ、習合して日本に伝わってきたためです。

日本にある仏像は一般的に大きく五つのグループに分けることができます。

一つ目のグループが「如来」です（写真④⑤）。これはまさにお釈迦さまがさとりを得て如来となられた姿をモデルとしています。そのため装飾品は身に着けず、衲衣《のうえ》と呼ばれる布を一枚着けただけの姿が基本となります。代表的な像は、釈迦如来像・阿弥陀如来像・薬師如来像などです。しかし、大日《だいにち》如来像・宝冠《ほうかん》阿弥陀如来像など、如来部でありながら、宝冠や装飾品を身につけるという例外もあります。

二つ目のグループが「菩薩」です（写真⑥）。お釈迦さまがさとりを開く前の王子だったころの姿をモデルにしています。ですから、その姿は首飾りや腕輪などの煌《きら》びやかな装飾品や、天衣《てんね》といわれる細長い布などを身にまとった優雅な姿で表現されます。代表的な像は、観音菩薩像・勢至《せいし》菩薩像・不空羂索《ふくうけんじゃく》観音像などです。特に観音菩薩は多様な姿に変化《へんげ》して人々を救うとされているので、千手《せんじゅ》観音など「○○観音」という菩薩がたくさん存在します。

なお、変化していない元々の観音菩薩は聖《しょう》観音などと呼ばれたりもします。また菩薩は、阿弥陀如来像には観音菩薩・勢至《せいし》菩薩、釈迦像には文殊《もんじゅ》菩薩と普賢《ふげん》菩薩といったように、如来の眷《けん》属《ぞく》（従者）としてその両脇に配されることが多く、これらは「三尊形式」と呼んでいます。

④釈迦如来立像（重文　奈良・唐招提寺蔵）

三つ目のグループが

⑥千手観音菩薩立像（重文　京都・金戒光明寺蔵）

⑤阿弥陀如来坐像（重文　東京・大正大学蔵）

⑧羅漢像（重文　京都・知恩院蔵）

⑦持国天像（都指定文化財　東京・増上寺蔵）※四天王のうちの１体

「明王《みょうおう》」です。これは密教の仏さまであることが多く、如来が変化した姿といわれています。忿怒の形相《ぎょうそう》をしていますが、怒りを露《あら》わにしているわけではなく、如来の慈悲だけでは言うことをきかない人に対して仏の教えを説くための必死の表情だとされています。ちょうど、親が子どもを叱るときの気持ちです。このグループは仏教以外の宗教の影響を受けていることが多く、異形の姿をしている像が大半を占めます。代表的な像としては、不動明王・愛染《あいぜん》明王・大威徳《だいいとく》明王などが挙げられます。

四つ目のグループが「天」です（写真⑦）。ヒンドゥー教などの神々が仏教に取り入れられ仏教を守護しているとされるものです。梵天・帝釈天《たいしゃくてん》・阿修羅・四天王などが代表的です。

五つ目のグループが「その他羅漢《らかん》、神像など」です（写真⑧）。このグループを仏像と呼ぶかどうかは難しいところですが、上記のいずれのグループにも当てはまらないながらも仏教に関係する像たちです。羅漢は出家した修行中の僧で、剃髪した姿で表現されます。釈迦十大弟子などが代表例です。神像は日本に仏教が伝わって以来、明治の神仏分離令が敷かれるまで、仏教と日本古来の信仰が混ざり合った宗教観の中で生まれた像です。僧侶の姿を取りながらも神さまである僧形八幡神像《そうぎょうはちまんしんぞう》などがいい例です。他にも各宗派の祖師、歴史上の人物が神格化された例で、聖徳太子像などの肖像彫刻などもこのグループに含めておきます。

それぞれの像の姿は経典などに説かれていることを元に制作されています。例えば如来の姿は「三十二相八十種好《さんじゅうにそうはちじゅうしゅこう》」といって、人間にはない三十二の大きな特徴と八十の細かな特徴があると説かれています。身体が黄金に輝いている金色相《こんじきそう》、眉間《みけん》に右巻きの白い毛がある白毫《びゃくごう》相など、これらはお釈迦さまがいかにありがたいかを比喩的に説いたものもあり、そのすべてを仏像に表現することは難しいのですが、表現できるものはするなど、選択しながら先人たちが仏像を造立してきました。

さらに、仏像は伝播していく過程で気候や風土に合わせ、その姿も変わっていきました。先に述べた通り、如来や菩薩のモデルはお釈迦さまなので、服装もインド地方の民族衣装のはずですが、仏像が伝播していく過程において、各地域の民族衣装が取り入れられたり、寒いところでは、衲衣を両肩まで覆う通肩《つうけん》という姿で表したり、衲衣の下に覆肩衣と呼ばれる布をまとったりします。特に面相（顔）は民族と時代の好みが大きく反映されています。

コラム⑯　仏の印契

仏像の手を注意して見たことがありますか。左右の掌を前方や下方に向けていたり、忍者のように組んでいたり……不思議な形になっていることに気づくはずです。

これは「印契《いんげい》」といい、手指のしぐさで仏や菩薩それぞれのさとりの境地や功徳などを象徴的に表現したもの。印《いん》相《そう》、または単に印などともいい、数種類に分類できます。

お釈迦さまがさとりを得て初めて行った説法を象徴する転法輪《てんぼうりん》印（説法印）、さとりを得た際、妨害しに現れた悪魔を退散させたことを象徴する降魔《ごうま》印（触地《そくち》印）、瞑想の際の姿を象徴する定《じょう》印（禅定《ぜんじょう》印）、恐れを取り除く功徳を象徴する施無畏《せむい》印、望みをかなえる功徳を象徴する与願《よがん》印などが代表的なものです。

施無畏印

与願印

転法輪印（説法印）

降魔印（触地印）

定印（禅定印）

② 仏像制作の技法

◉材料と制作技法

仏像を作る技法にはさまざまありますが、塊《かたまり》を削っていって形を作る「カービング（彫刻）」と、粘土のように素材を足していって作る「モデリング（塑像《そぞう》）」の二つに大きく分けられます。カービングの技法を用いる素材には石や木があり、石仏や木彫像が作られました。モデリングの技法を用いる素材としては粘土や漆《うるし》などが挙げられ、いわゆる塑像や乾漆《かんしつ》像が作られました。

カービングとモデリングの両方の特性を持つ素材として金属があります。溶かして型に流し込む鋳造、叩いて造形していく鍛造、鏨《たがね》で表面を彫っていく彫金など、金属は硬くて加工が困難に思われますが、実は扱い方次第で自由度の高い素材なのです。

では、仏像の主な技法の特徴についてみていきましょう。

［**鋳造**］

東大寺（奈良）の大仏（盧舎那仏坐像《るしゃなぶつ》）が代表的ですが、鋳造は銅を主成分として錫《すず》を加えた合金である青銅（ブロンズ）を炉で溶かして、型に流し込んで作る技法です。

多くの方は、ブロンズ像というと青緑色の金属を想像するかと思いますが、実はこれは、金属の表面が酸化して緑青を生成させたためであり、本来の青銅は「赤っぽい銅色」から「白っぽい金色」（錫の添加量で変化）の金属で光沢をもっています。さらに仏像の場合、鍍金という金メッキを表面に施していることがほとんどであり、天平時代に造られた東大寺の大仏も造立当初は黄金色に輝いていたと考えられています。現在も大仏の蓮華座など、創建当初の部分には鍍金の痕跡を確認することができます。

性質としては、金属のため丈夫で、火災などで焼失しない限りは後世にまで残りやすい材質です。しかし近年は、酸性雨の影響で野外に設置されている青銅製のものは表面の腐食が進んでおり、科学的処置を施すなど、その対応に迫られています。

［塑像］

新薬師寺（奈良）の十二神将《じゅうにしんしょう》などが代表的です。塑像は木で芯を組み、それに粘土を付けて造形し、乾燥させて像にする技法です。簡単そうに思えますが、粘土は乾燥すると水分が蒸発して縮んで割れてしまうので、何層にも分けて、土に藁《わら》やもみ殻を混ぜるなどそれぞれ適した粘土を使用して造形していかなければならず、実は手間と経験が必要な技法です。

性質としては、土壁をイメージしていただければ分かるように湿気に弱く、風雨に晒《さら》されると数日で壊れてしまいます。しかし、そうした脆弱《ぜいじゃく》な素材にもかかわらず日本には千数百年前の塑像の作例が多く現存しています。

また、粘土を用いる技法は、型に粘土を押し付けて造形したものを焼いて作る塼仏《せんぶつ》というものもあります。

［脱活乾漆造・木心乾漆造］

興福寺（奈良）の八部衆《はちぶしゅう》（阿修羅像など）が代表的です。粘土で大まかな原型を作り、その表面に上新粉でできた糊と漆を混ぜた糊漆《のりうるし》などで布を貼り重ね、固まったら背中に窓を開けて中の粘土をかき出します。木の芯を入れて補強し、再び蓋《ふた》をして縫い合わせ、張りぼて状になった像の表面を、漆に木屑やタブ粉（タブの木の粉）などを混ぜた木屎漆《こくそうるし》と呼ばれるものや、錆漆《さびうるし》といってとの粉と漆を混ぜたものなどで造形していくのが脱活乾漆造《だっかつかんしつづくり》です。特徴は中が空洞なので重量が軽く、丈夫に作ることができる点です。そのため、中国などの大陸では巨像を作るための技法ともされていました。日本にも東大寺法華堂の不空羂索観音のような巨像が現存しています。

木心乾漆造《もくしんかんしつづくり》はその名の通り、中を空洞にしないで木彫である程度の形を彫ったのち、細部を木屎漆などで造形していく技法で、脱活乾漆造りと木彫が合わさったような技法です。脱活乾漆造と違い、木が占める割合が多くなり重量としては重くなりますが、粘土をかき出したりする手間が少なくなります。

ちなみに、「脱活乾漆」という言葉は明治時代に日本で作られたと考えられ、日本の古い記述や中国では「夾紵《きょうちょ》」や「塞《そく》」という言葉で表されています。

［石造］

石造といえば、お墓や道端で目にするお地蔵さんが一般的でしょう。山間の岩肌に彫られた仏像のレリーフなどを目にしたことがある方も多いと思います。石造は石の塊から、鑿《のみ》と金槌で彫り出します。石は日本では仏像の材料としてはなじみが薄いですが、韓国や中国といった大陸やヨーロッパ、エジプトなど世界的には主流の材料です。日本で石造が仏像の技法としてあまり普及しなかった理由の一つとして、日本では大理石や砂岩といった比較的柔らかで加工のしやすい良質な石が少なかったことが考えられます。性質としては丈夫で、金属ほど酸化もしにくいので、野外でも長期の保存が可能です。しかし衝撃には弱いため欠けやすく、重量もかなり重くなります。

［木造］

日本では、仏像の材料として木が平安時代以降主流になります。

木は葉が円い広葉樹と葉が細い針葉樹に大きく二つに分けられます。仏像に用いられた代表的な樹種は広葉樹では楠《くす》、桂《かつら》、桜など、針葉樹では檜《ひのき》や榧《かや》などが挙げられます。木ならば何でもよいというわけではなく、強度や密度、色や芳香性などから木彫に適した材が選択されたようです。

後で詳しくふれますが、日本で木彫像は飛鳥時代のものは楠が多く、奈良時代末から平安時代の前期には榧や桂の木が中心に、平安時代末期以降は檜が中心になっていきます。彫刻にはかなり大きな木材が必要なため、これらの樹種の変化は材料の枯渇や造像技法なども関係していると筆者は考えています。

日本で木彫像が主流になった一番の要因は、材木が日本に豊富にあったためと考えられます。また、平安時代前期ごろの一木《いちぼく》造り（後述）の像には、木を神聖視するご神木の概念もあったと考えられています。さらに、木を彫るにはよく切れる道具が必要となりますが、日本では刃物の原料となる良質な鉄（鋼）を、砂鉄から「たたら」という製鉄方法で精錬することができたようです。加えて、刃物を研ぐ良質な砥石が産出できたことも木彫像が主流となった大きな要因と考えられます。

木彫の技法については、主に「一木造り」と「寄木《よせぎ》造り」があります。よく誤解されるのですが、一木造りだからといってもすべての部分を一つの材から彫り出しているわけではありません。現在の美術史の定義では、頭と体の部分（頭体幹部）を一材で彫っていればすべて一木造りと表記することになっています。したがって、大きな一木造の仏像を見て、「こんな大きな木がよくあったなぁ」と思われがちですが、実際は腕や、足、膝前などを別材で寄せていることが多いのです。もっとも、古い作例には今では考えられないほど大きな材を使用しているものもあります。

これに対して寄木造りは頭体幹部が二材以上で寄せて制作されている像のことを指します。寄木造りでは、大きな材がなくても材を組み合わせることにより巨像を制作することができます。また細かくパーツを分けることで、一木造りでは刃物が入りにくかった部分も容易に彫ることができることや、部材ごとに分かれて分業できるなどの利点があるため、工房での制作に適した制作技法といえます。

また、あまり知られてはいませんが「割矧《わりは》ぎ造り」という作り方もあります。主要材の頭体幹部は一木で作るので一木造りに入るのですが、頭部から斧などを入れて前後（または左右）に割り離します。これは次に説明する像内を内刳《うちぐ》り（後述）するためです。割った面同士は比較的ぴたりと合うので、大きい材が手に入るのであれば効率のいい制作技法です。

木材は乾燥により歪みが生じて割れてくるのですが、木彫像はその歪みを少なくするため像内を空洞にする「内刳り」が施されます。これは干割れを防ぐと共に像の軽量化も可能にしています。一木造りでは内刳りをしないこともありますが、多くは背中に穴を開けて、内刳りをしています。しかし寄木造りや割矧ぎ造りほどきれいに空洞にできないので、一木造りの像は干割れが目立つ像が多いです。

以上のように仏像を制作するにはさまざまな材料や技法があり、各時代の流行や大陸の影響、気候や風土と関わり合いながら選択されてきました。

◉仕上げ方法

古い仏像を見ると、剥落《はくらく》はしているものの、その表面に色が塗られていたり金箔が押されていたりして、素材そのものの表面ではないことがほとんどです。次は仏像の表面仕上げについて紹介しましょう。

［彩色］

彩色《さいしき》は文字通り、木などで造形した像に色を塗り、装飾していく方法です。もちろん、絵の具は現在のようにチューブから出して使うものはありませんでしたから、自然の中から産出される材料で作られました。仏像の彩色には鉱物や土などを原料とする緑青《ろくしょう》・群青《ぐんじょう》・朱《しゅ》・丹《たん》・白土などの顔料（粉）を膠水《にかわすい》で溶いたものや、草木や虫などから抽出される臙脂《えんじ》・藍《あい》・藤黄《とうおう》などの染料などが使われます。

塗り方にはいろいろな技法があります。代表的なものは、濃淡を塗り分けてグラデーションを作る際に、薄い色から順番に濃い色へと塗り分けていく繧繝《うんげん》彩色や、彩色を盛り上げて表面に凹凸を持たせた盛り上げ彩色などがあります。

［金箔］

金色の仏像で一番多いのがこの金箔《きんぱく》仕上げで、金属の輝きをもった黄金色が得られます。乾漆や木などで造形した表面に下地を塗り、金箔を押す技法です。一見金箔仕上げはどれも同じに見えますが、下地によっていくつかの種類に分けられます。

下地を錆漆などで作り漆を塗り金箔を押す堅地《かたじ》、あるいは下地を膠水で溶いた胡粉《ごふん》（貝殻の粉）などで作り漆を塗り金箔を押す泥地《どろじ》などです。基本的に堅地より泥地は経年劣化が早く弱いですが、堅地に比べ作業効率が良いので、江戸時代以降は泥地の金箔仕上げが多くなります。また、漆は使わず白土などの顔料を塗った上から膠で金箔を押す作例もあります。

⑨截金を施す様子

［金泥］

金泥《きんでい》仕上げは、先に出てきた「彩色」に準じる技法ですが、白土などを塗った下地の上に金の粉（金泥）を膠水で溶いた絵具を全体に塗ります。金泥は粒子なので光が乱反射し、艶消しの仕上がりとなります。金箔のようにギラギラとした派手さはありませんが、しっとりとした表現が得られます。

［金粉（粉溜）］

漆で仕上げた表面に薄く漆を擦り込み金粉を蒔く技法で、漆の技法である蒔絵の金を全体に施すというイメージです。金泥よりは丈夫で光沢をもった表現が得られます。

［截金］

截金《きりかね》技法は仏教伝来とともに大陸から伝わってきたとみられています。金箔を数枚重ね炭火で炙《あぶ》り、合わせたものを、竹で作った竹刀を用いて、髪の毛ほどの細さに切ります。その糸状になった金箔を筆で貼っていき、文様《もんよう》を描く技法です（写真⑨）。彩色の上や金泥の上に截金を施すことで非常に繊細な表現が可能になります。

［鍍金］

鍍金《ときん》はブロンズ像などの金属でできた像に限定される仕上げ方法です。いわゆる金メッキなのですが、現在主に行われている電気メッキとは違います。鍍金は金消ともいわれ、簡単に説明すると、常温で液体の水銀に金を溶かし、それをブロンズの表面にヘラなどで塗り、火であぶります。すると水銀は金より沸点が低いので水銀が先に蒸発して金だけが表面に残ります。現在の電気メッキより金属的な輝きは鈍いですが、金が厚いため、重厚な輝きを放ちます。しかし、水銀が蒸発する際に有害物質が出るので危険を伴う技法です。

以上、仏像に用いられる主な表面仕上げの技法について紹介しましたが、実際には、工人がこれらのいくつかを組み合わせたりして独自の技法を生み出していくので、仏像の表面仕上げにはあらゆる表現技法があります。古い仏像は経年劣化のため、材料や技法が表面からの調査だけでは分かりづらい場合が多くまだまだ研究の余地はありますが、最新の科学調査など多方面から研究が進み、日本における仏像の造像技法などが次第に明らかになってきています。

3 日本の仏像

◉日本の仏像の歴史

我が国の仏像の歴史は、欽明十三年（552。538年説も）に仏教が日本に伝来してから始まります。この仏教の伝来と共に、仏像やそれを作る工人が日本に入ってきたと考えられています。現在、日本で造像銘から年号が確認できる最初期の仏像は推古三十一年（623）の、法隆寺（奈良）金堂の釈迦三尊像です。ブロンズ像で、司馬《しば》鞍首《くらのおびと》止利《とり》仏師《ぶっし》という人物が制作したと銘記により知られています。この止利という人物は、おそらく大陸から来朝した渡来人の家系の工人であろうと考えられています。同時期の作例としては同寺夢殿《ゆめどの》に安置されている救世《ぐぜ》観音立像などの木彫像も現存しています。この時代の特徴としては口元をにっこりさせ、目は杏仁型の形をしています。材質面では、ブロンズ像や木彫像が多く、木材には楠が使用されていることが注目されます。この時代は後に仏像の材として主流になっていく檜は建築材としての用途が多く、仏像などの彫刻材は楠が使用されている例が多いです。また、広隆寺（京

⑩九面観音菩薩像（国宝　奈良・法隆寺蔵）

都）の弥勒《みろく》菩薩《ぼさつ》半跏《はんか》像や法隆寺（奈良）の観音菩薩立像（九面《くめん》観音）（写真⑩）など、大陸から請来したと考えられている仏像も現存しています。

八世紀に入ると薬師寺（奈良）金堂の薬師三尊像など、ブロンズ像が造立されます。また、天平六年（７３４）に光明皇后が亡き母　橘《たちばなの》三千代《みちよ》の追善のために建立したとされる興福寺（同）金堂（現存せず）には、阿修羅像をはじめとする八部衆などが脱活乾漆造で制作されました。同十七年（７４５）には聖武天皇の発願《ほつがん》で東大寺（奈良）の盧舎那仏坐像、いわゆる大仏さまが作られ始め、天平勝宝四年（７５２）に開眼《かいげん》供養が行われました。その後、この像は二度の火災に遭っており、焼失した部分の修復が鎌倉時代と江戸時代に行われています。現在私たちが目にしている大仏は、天平時代当初の面影は台座などに一部を残すのみであまり残っていません。創建当初の、鍍金が施された黄金色に輝く大仏が残っていれば、さぞや荘厳であったことでしょう。

また現在、東大寺戒壇堂《かいだんどう》に安置されている四天王立像など塑像の作品も多く作られました。これらの時代は、ブロンズ像、乾漆像、塑像などが中心で、木彫像はまだ多くは制作されていませんでした。しかし、天平勝宝五年（７５３）の鑑真和尚《がんじんわじょう》の来朝に伴い仏像の制作技法や表現が変化していきます。おそらく、鑑真和尚の来朝とともに、経典や仏像、あるいはそれを制作する工人も日本に入ってきたためと考えられています。その鑑真和尚が創建した唐招提《とうしょうだい》寺《じ》（奈良）には、盧舎那仏坐像などの乾漆像以外にも木彫像が多数現存しており、これ以降、八世紀後半は木彫像が中心になっていきます。この時代の木彫像の特徴は、細部まで非常に緻密に彫刻され、どっしりとした体躯《たいく》で表現されている点です。材料には榧の木が使われた一木造りの像が多く制作されました。

次に仏像の種類に大きな変化がみられるのは、九世紀初めに最澄や空海が中国に渡って日本に新たな真言密教が伝えられてからです。空海による真言密教の根本道場として栄えた教王護国寺（東寺、京都市）講堂の諸仏は、大日如来を中心に密教の世界を表した曼荼羅《まんだら》を現実の空間に「立体曼荼羅」として表しています。不動明王を中心とする五大明王像は、密教による新

⑪木造雲中供養菩薩像（国宝　京都・平等院蔵）※南17号

⑫木造雲中供養菩薩像（国宝　京都・平等院蔵）※南21号

たな仏として当時、革新的なものであったと思われます。これ以降平安時代の末期に至るまで、少しずつ変化を伴いながら榧や桂、檜などの材を用いた木彫像が多く制作されました。

◉仏師・定朝

平安時代後期になると、お釈迦さまが説いた正しい教えが伝わらない「末法《まっぽう》」と呼ばれる時代を迎えたと信じられるようになり、実際、世が乱れ始めます。恵《え》心僧都《しんそうず》源信《げんしん》（942－1017）によって『往生要集』が著され、人々は「厭離穢土《えんりえど》　欣求浄土《ごんぐじょうど》」と極楽浄土を求める思いが強くなり、それに伴って阿弥陀如来像が多く造立されるようになっていきます。

このころ定朝《じょうちょう》という仏師が活躍します。定朝の現存作例は極めて少なく、現時点で確かなものは天喜元年（1053）に造立された、平等院鳳凰堂の阿弥陀如来像と雲中供養菩薩像のみとなっています（写真⑪⑫）。定朝は薄いしわ（衣文《え もん》）の衣に、細かな螺髪《らほつ》（髪の毛）、おおらかな顔で表現された造形を確立します。その様式は当時の貴族の日記に「尊容満月のごとし」（『春記』）、「天下これをもって仏の本様となす」（『長秋記』）などの称賛の言葉が出てくるほど、当時の貴族たちに持てはやされました。技法においても、効率的に寄木を行う寄木造りを確かなものにしました。定朝はやがて、法印《ほういん》・法眼《ほうげん》・法橋《ほっきょう》という僧綱位《そうごうい》のうち、仏師として初めて法橋という位に就き、官職としての地位も確立しました。定朝の業績は大きく、これをもって大陸からの仏像の表現を日本人好みの独自の姿に変化させた和様の仏像の完成期ともされます。現在、定朝は日本の仏師の祖とされています。

定朝以降の仏師たちは、定朝が制作した仏像を手本に各部の大きさを計測して学ぶなど、定朝は後世に大きな影響を与え、浄瑠璃寺《じょうるりじ》（京都）の九体《くたい》阿弥陀など、その様式を踏襲した多くの仏像が作られ形式化していきました。こうして定朝にならって作られた仏像を現在、「定朝様《よう》の仏像」と呼んでいます。やがて、定朝の流れをくむ仏師集団は名前に「院」の字を用いる院派《いんぱ》や、「円」の字を用いる円派《えんぱ》などに分かれ、京都で活躍していきます。

十二世紀に入ると貴族の権力も弱まり、武士が力をつけてきます。このころ、仏像にリアルな表現を求め、玉眼《ぎょくがん》という技法が生まれました。これは仏像の目を刳りぬき、裏側から水晶製のレンズを嵌《は》め込み、瞳を描くものです。これにより目に潤いを与え仏像があたかも生きているかのような表現が可能となりました。玉眼を用いた現存作例で年号のわかる一番古いものは、仁平元年（1151）の銘がある長岳寺（奈良）の阿弥陀三尊像です。

◉運慶と快慶

この玉眼を好んで用いた仏師集団が台頭してきます。彼らは、定朝の流れをくむ仏師集団の中で京都を中心に活動していた院派や円派とは別の集団であり、名前に「慶」の字を用いることが多いので慶派《けいは》と呼ばれ、奈良で古仏などの修理をしながら活動をしていたと考えられています。運慶《うんけい》や快慶《かいけい》という名前は耳にしたことがあるのではないでしょうか。

そして、仏像史における記録的な事件は起こります。治承四年（1180）も暮れようとする十二月二十八日、平重衡《たいらのしげひら》が率いる平氏軍は奈良に討ち入り、火を放ちます。兵火は東大寺、興福寺をほとんど焼き尽くし、聖武天皇の代に作られた大仏も炎に包まれました。東大寺、興福寺をはじめとする天平時代の建物や仏像が焼かれるのを目の当たりにした、慶派一門の心情は量り知れません。この数年後、運慶は東大寺の焼け残った柱の木片を軸木にした『法華経』の書写、いわゆる『運慶願経』を作っています。ここには多くの慶派一門の仏師達が結縁者となり名を連ねています。

しかし人間とはたくましいもので、こうした破壊が起こると、今度はそれを復興しようとするエネルギーが湧いてきます。いち早く復興に取り掛ったのは興福寺で、翌年六月には始まっています。続いて重源《ちょうげん》上人が大勧進職《だいかんじんしょく》になり、東大寺でも復興が始まりました。この時に中心となって起用されたのが、運慶の父であり快慶の師匠である康慶の率いる慶派仏師達でした。大仏殿の脇侍、四天王など、運慶や快慶などが中心となり大規模な仏像復興事業がなされます。康慶は大仏殿の脇侍や四天王完成を見て、史料上から姿を消しますが、その事業は息子運慶に引き継がれ、東大寺南大門の仁王像をもって完遂、建仁三年（1203）に東大寺総供養が執り行われています。運慶はこの業績により仏師としては初めて僧綱位として最高位である法印に叙《じょ》せられます。これ以降、仏像の造像は、それまで貴族中心の仕事を一手に引き受けていた院派・円派ではなく、リアルで力強い表現を追求していた慶派仏師に移っていきます。

運慶・快慶は歴史の教科書などではこれ以上のことが語られることはほとんどありません。せっかくですから、ここで運慶・快慶についてもう少し述べておきましょう。

一般に運慶・快慶と一括《くく》りにされていますが、実は、快慶はこのように歴史に運慶と並んで名前を残す人物ではなかったはずです。なぜなら、運慶と快慶は兄弟弟子ではありますが、運慶は康慶の血のつながった息子であり、正当な慶派の後継者として一門の棟梁となったのに対し、快慶は一端の弟子に過ぎなかったからです。しかし、快慶はその技量の高さと独自の表現を確立し、多くの業績から僧綱位も法眼にまで叙され、現在まで名前を残すことになります。快慶は特に仏像の仕上げ方法に、それまであまり見られなかった金泥と截金の組み合わせを多用しています。これは艶消しの金泥の下地に光沢を持った截金で文様を描くという繊細な技法で、仏像では快慶がその先駆者だといわれています。さらに、快慶の現存作例は数多く、当時の仏師としては群を抜いています。特に、快慶が生涯数多く造立した、像高が三尺前後の阿弥陀如来立像は今日の阿弥陀如来像の規範となったと考えられます。

快慶は、熱心な信仰家であったともいわれています。重源上人は自らを「南無阿弥陀仏」と号し、同朋の人々にも「□阿弥陀仏」といったように阿弥陀仏号を授けています。快慶は重源上人より賜った阿弥陀仏号「アン（梵字）阿弥陀仏」を自らの署名に使用していることなどから、信仰の上で重源上人の弟子であったようです。造形の上でも運慶と快慶の両者は全く異なる表現を求めたと筆者は考えています。運慶は「よりリアルな人間の表現」を追い求めたのに対し、快慶は、「神秘性を帯びた『仏』という理想の表現」を追い求めたように思うのです。

◉法然上人と快慶

法然上人は快慶と同時代の方でした。実は東大寺を復興するに際し、当初大勧進職に推挙されたのは法然上人だったのですが、辞退して重源上人を推薦しています。重源上人は阿弥陀信仰の上では法然上人の弟子であったとされています。気になるのは法然上人と快慶の関係です。法然上人に関わる快慶の事績としては、その作風から快慶作とされる興善寺《こうぜんじ》（奈良）の阿弥陀如来像があります。像内から法然上人やその門弟の証空上人の自筆の手紙などが発見されています。また、平成二十三年の法然上人八百年大遠忌《だいおんき》に際して、玉桂寺《ぎょくけいじ》（真言宗、滋賀）から浄土宗に譲渡された阿弥陀如来立像も快慶周辺の仏師の作と考えられています。この像は像内に納められた納入品から、法然上人の弟子である源智《げんち》上人が法然上人の一周忌に際して追善の

コラム⑰ 仏像の光背

　お仏壇のご本尊、阿弥陀如来をご覧ください。お体の後ろに下のイラストのいずれかの形をしているものが付いていますね。

　これは、仏さまや菩薩さまから発せられる光明（後光《ごこう》）をかたどった「光背《こうはい》」と呼ばれるものです。時代や像の種類などにより違いが見られますが、ここではよく目にする６種を紹介しておきましょう。

　阿弥陀さまの場合には、舟形《ふながた》光背または放射光背が多いようです。「仏像１体に一つの光背」が基本ですが、まれに一つの光背の前に阿弥陀如来・観音菩薩・勢至菩薩の３体が配されたものがあります。これは「一光三尊《いっこうさんぞん》如来」といわれるもので、長野・善光寺のものが有名です。

　お寺めぐりの際には、この光背にもぜひご注目を。いろいろな発見があるかもしれませんよ。

放射

輪

舟形

飛天

唐草

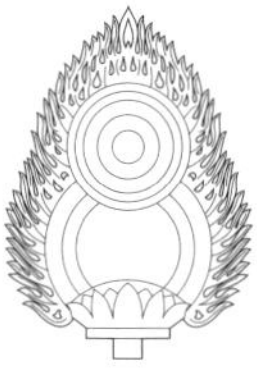

火炎

ために造立されたことが知られています（口絵）。また伝来は明らかではありませんが、浄土宗大本山知恩寺（京都）には快慶作と推測される阿弥陀如来立像が現存しています。

これらの事例から、法然上人と快慶との間に直接親交があった可能性が極めて高く、興味深いところです。しかし不思議なことに、快慶は制作した多くの像に造像銘を記しているにもかかわらず、今紹介した仏像には今のところ作者銘が確認できていません。したがって、法然上人と快慶との関係が分かるはっきりとした史料はなく、快慶と法然教団の関係は今後の発見や研究に期待するしかありません。

運慶・快慶没後、運慶工房は息子湛慶《たんけい》が引き継ぎ、その他の運慶の子ども達と共に雄作を残していきます。しかし快慶には行快・長快・栄快といった弟子が確認されているにすぎず、その後は目立った功績も少なくなっていきます。

室町時代、江戸時代と時が下るにつれ、大規模な仏像の造立は少なくなります。しかし、室町以降、仏像が作られなくなったわけではありません。むしろ仏教が貴族や武士という上流階級だけのものではなく、一般の大衆にも広まったことにより需要は高まり、仏像の造立や修復事業は活発に行われたとみられます。江戸時代には円空や木喰《もくじき》という僧侶が修行として造立した特徴的な姿の仏像も誕生します（写真⑬⑭）。

◉後世に伝える

ここまで、仏像の歴史や技法などについて述べてきましたが、仏像といえども「諸行無常」を免れることはできず、作られたその瞬間から劣化が始まり、それが止まることはありません。特に木、漆、粘土といった素材は脆弱で、そのままにしておくとどんどん劣化していきます。ですから、それを後世まで伝えるには修復を行わなければいけません。最後に仏像の保存修復についても少しふれておきましょう。

よく、「昔のものは良い」という言葉を耳にしますが、そうではなく、「良いものだから現在まで残ってきた」のです。現在、重要文化財に指定されている仏像は、長い歴史の中で人々によって守られ、淘汰され、人から人へと伝わってきたものです。実はこれは世界でも稀なことであり、日本人として誇るべきことなのです。文化というものは国そのものを構成しているもっとも重要な根源であるため、国が亡ぶと新たに創建された国によって過去の文化は壊され、自分たちの文化を植え付けるということが行われます。しかし、日本ではほとんどそれが行われず、現在に至っています。今日、素晴らしい古像を私たちが拝することができるのは、各時代の人々によって大切に守られ、修復が繰り返されてきた結果だといえます。

しかしながら、守られてきた仏像が意図的に破壊されたり、海外に流出してしまった時期もあります。明治時代の廃仏毀釈《はいぶつきしゃく》です。神仏分離といって、神道と仏教が明確に分けられ、仏教が弾圧され、多くの仏像が壊され、海外に流出しました。信仰の力で守られてきたものが、守られなくなったためです。しかしその危機的な状況の中、フェノロサ（１８５３－１９０８）や岡倉天心（１８６２－１９１３）などによる献身的な保存活動などもあり、古社寺保存法という法律が作られ、仏像などの保存・調査が行われます。その後、昭和に入り文化財保護法が制定され、古くから伝わる仏像が「文化財」と呼ばれるようになり、厳重に保存されるようになります。さらに現在では、ヨーロッパなどからの修復概念も取り入れながら様々な研究機関がその修復保存活動に取り組んでいます。

よく、文化財修復は仏像のお医者さんに例えられます。修復が必要となった仏像は一体一体が違う症状なので、それぞれ適切な処置を施す必要があります。修復は基本的には延命治療であり、七十～百年単位で修復を繰り返して次の世代につなげるものだと筆者は考えています。

⑬円空仏（聖観音菩薩像　北海道・善光寺蔵）

⑭木喰仏（如意輪観音菩薩像　山口・願行寺蔵）

現在の修復の理念は、現状維持といって、当初の姿を尊重し、できる限り現状を維持することに重きを置いています。しかし、仏像は礼拝の対象であり、「仏さま」という視点から見たときは、たとえば腕が欠けていれば補修してあげたいという気持ちが湧いてくる人も多いと思います。過去に粗悪な修復が行われている場合は、作られた当初を重んじて、後世に加えられた彩色などを除去するということもあります。しかし、たとえそれが粗悪であっても、後世の修復も歴史の一部と考え大切にするべきであるという意見もあります。

　このように、仏像の修復は、どのような修復をしなければいけないという「答え」はなく、その理念は時代の価値観により変わっていきます。ですから、その時、その像に一番適していると思われる処置を、所有者、修復者、研究者などと意見を交わし、判断して柔軟に施さなければいけません。そして最も重要なことは、もし将来、現在施した修復が良くないと判断されたときに、元に戻せる（可逆性）修復を心がけることだと筆者は考えています。大切なのは、壊れない強固な修復をすることではなく、「次の世代につなげる」ということです。そのためには高い技術と知識が必要です。壊すのは簡単にできますが、取り戻すことはできません。

学ぶということは、人から教わる方法と、モノから教わる方法があります。筆者は、後者の方が多く、鎌倉時代の仏師快慶が作った阿弥陀如来像を研究し、復元をすることにより、たくさんのことを学びました。それが可能なのは、快慶の仏像が現在まで受け継がれてきたからこそです。さらに、鎌倉時代の運慶や快慶はというと、天平時代の仏像、宋（中国）から請来した仏画などに学んだとされる事例が多く確認されています。文化財とは勝手に残っていくものではなく、人々の手で守っていくものであり、過去から受け継いだ文化財を次の世代につなげることは現在を生きる私たちにとって、ある種の使命であると考えることができます。

近年、博物館で仏像展が開催されることが多くなり、たくさんの来場者で賑わっています。仏像が好きな若い方も増えてきたように思います。しかし不思議なことに、その多くは、「私は無宗教で仏教のことは全く知らないけど仏像には興味があって癒される」といいます。これは、おそらく作者の技術や気持ち、そして各時代の人々により守られ伝えられてきた仏像に込められた人々の「想い」が人の心を打つからではないでしょうか。

お釈迦さまは自らのさとりの内容を「言葉」にして法を説いてくださいました。お釈迦さまの没後、その言葉を、弟子たちがまとめ、「文字」にした経典が登場しました。しかし、文字が読める人はごく一部の人達でしたから、誰にでもわかる「形」として、仏画や仏像が生まれ、法を伝えようとしました。

もし、仏教がよく分からなくても、仏像がきっかけとなり、仏教に興味をもち、さらには、それによって救われたという気持ちになる方がいれば、仏像は立派に役目を果たしていると思います。本章が少しでもその助けとなり、仏像に興味を持ち、理解を深めていただければ幸いです。

付録

総・大本山、本山、特別寺院

法然上人二十五霊場

総本山

知恩院《ちおんいん》

●浄土宗を開いた法然上人が布教の根拠地とした地にたつ、浄土宗の総本山。国内最大級の三門（国宝）はじめ、法然上人像を祀る御影堂《みえいどう》（同）など、大小さまざまな伽藍《がらん》を構えます。江戸時代より将軍から庶民まで広く慕われ、現在も全国の浄土宗檀信徒の信仰を集めています。法然上人二十五霊場第25番。

住所　京都市東山区林下町400
TEL　075-531-2111
アクセス　市営地下鉄 東山下車徒歩8分／市バス 知恩院前下車徒歩５分
URL　https://www.chion-in.or.jp/
チェック　＊法然上人御廟
＊大鐘楼
＊友禅苑（庭園）　など

大本山

増上寺《ぞうじょうじ》

●浄土宗第八祖酉誉《ゆうよ》聖聡《しょうそう》上人（１３６６-１４４０）が、江戸における浄土宗の念仏根本道場として創建。徳川家康の帰依を受け、徳川家菩提寺として、また関東十八檀林《だんりん》（僧侶の学問所）の筆頭として栄えてきました。毎年４月に行われる法然上人の命日法要（御忌《ぎょき》）はことのほか荘厳で賑やかです。

住所　東京都港区芝公園4-7-35
TEL　03-3432-1431
アクセス　都営地下鉄三田線 御成門または芝公園下車、同大江戸線・浅草線 大門下車徒歩５分／JR山手線 浜松町下車徒歩10分
URL　https://www.zojoji.or.jp/
チェック　＊三解脱門（重文）
＊徳川家歴代将軍墓所
＊宝物展示室　など

大本山
金戒光明寺《こんかいこうみょうじ》

●承安5年（1175）、法然上人が浄土宗を開くため比叡山を下りた際に結んだ草庵を始めとする、浄土宗最初の寺院（寺伝）。山門、阿弥陀堂、本堂などの大伽藍が調い、幕末には京都守護職会津藩一千名の本陣となり、今もその墓所が山すそにひっそりたたずんでいます。法然上人二十五霊場第24番。

住所　京都市左京区黒谷町121
TEL　075-771-2204
アクセス　京阪鴨東線 丸太町下車徒歩20分
URL　https://www.kurodani.jp/
チェック　＊文殊菩薩像（運慶作）
＊吉備観音像（重文）
＊伝法然上人真筆「一枚起請文」　など

大本山
百萬遍知恩寺《ひゃくまんべんちおんじ》

●法然上人の弟子源智《げんち》上人（1183-1238）が建立、「（師の）恩を知るお寺」として知恩寺が寺名に。後醍醐天皇（在位1318-1339）の頃に疫病が流行、勅命をうけ7日間にわたる百万遍《ひゃくまんべん》の念仏を修したところ鎮まったことから「百万遍」の称号を賜りました。法然上人二十五霊場第22番。

住所　京都市左京区田中門前町103
TEL　075-781-9171
アクセス　京阪・叡電 出町柳下車徒歩10分／市バス 百万遍下車徒歩3分
URL　http://chionji.jp/
チェック　＊絹本着色浄土曼陀羅図（重文）
＊百万遍大念珠
＊江戸期の土佐派絵師　土佐光起墓所　など

大本山

清浄華院 しょうじょうけいん

●平安時代、清和天皇の勅願により、天台・密教・戒律・浄土の四宗兼学の道場として京都御所内に建立されました。後世、法然上人が後白河法皇・高倉天皇・後鳥羽上皇に授戒した縁から上人がこれを賜り、浄土宗に。皇室の帰依篤く、大本山として発展しました。法然上人二十五霊場第23番。

住所　京都市上京区北ノ辺町395
TEL　075-231-2550
アクセス　京阪・叡電 出町柳下車徒歩15分／市バス・京都バス 府立医大病院前徒歩10分
URL　http://www.jozan.jp/
チェック　＊絹本著色阿弥陀三尊像(国宝)
＊絹本著色泣不動縁起絵巻(重文)
＊山科言継墓所　など

大本山

善導寺 ぜんどうじ

●浄土宗二祖聖光上人《しょうこう》（1162－1238）を開山として建立された、九州における一大念仏道場。本尊は鎌倉期作の上品下生印《じょうぼんげしょういん》を結ぶ阿弥陀如来立像。天明6年（1786）築の本堂（重文）、勅使玄関・中蔵・書院などからなる庫裏（重文）といった重厚な建造物が存在感を際立たせています。

住所　福岡県久留米市善導寺町飯田550
TEL　0942-47-1006
アクセス　JR久大線 善導寺下車徒歩15分／西鉄バス 善導寺下車徒歩10分
URL　http://www.zendoji.jp/
チェック　＊樹齢８００年(推定)の大楠(県指定天然記念物)
＊木造大紹正宗国師(聖光上人)坐像(重文)など

大本山 光明寺 こうみょうじ

●浄土宗三祖良忠《りょうちゅう》上人（1199-1287）を開山とする、幕府が置かれた鎌倉における念仏道場。江戸時代には、浄土宗僧侶養成機関であった関東十八檀林の一つとなり、念仏信仰と仏教研鑽の根本道場として栄えました。浄土宗における十夜法要発祥の寺。夏には境内の池に蓮が見事に咲き誇ります。

住所 神奈川県鎌倉市材木座6-7-19
TEL 0467-22-0603
アクセス JR横須賀線 鎌倉下車　小坪経由逗子駅行きバス 光明寺前下車徒歩１分
URL http://komyoji-kamakura.or.jp/
チェック ＊本堂（重文）
＊大聖閣
＊記主庭園　など

大本山 善光寺大本願 ぜんこうじだいほんがん

●出家した聖徳太子の后・尊光上人を開山と仰ぎ、以来、皇族や公卿、大名家の家柄から出家した尼公《にこう》上人が住職を務める尼僧寺院。善光寺境内にあって天台宗別格本山大勧進《だいかんじん》とともに、善光寺を守護する役を担っています。宿坊でもある14の塔頭《たっちゅう》寺院を擁し、全国から訪れる参詣者で通年賑わいます。

住所 長野市元善町500
TEL 026-234-0188
アクセス JR長野下車　善光寺口よりバス 善光寺大門下車徒歩３分
URL https://www.daihongan.or.jp/
チェック ＊本誓殿
＊宝物殿
＊文殊堂　など

本山

蓮華寺 れんげじ

●推古天皇23年（615）聖徳太子の命をうけて憲崇律師が開いた法隆寺が前身。鎌倉時代に一向上人（1239-1287）が入り、念仏道場蓮華寺となりました。本尊は、阿弥陀如来と釈迦如来の2体の立像を祀る珍しい二尊形式。南北朝動乱で亡くなった兵士430名の供養塔があります。

住所 滋賀県米原市番場511
TEL 0749-54-0980
アクセス JR東海道線（東海道新幹線）米原より醒ヶ井行きバスで番場下車徒歩3分
チェック ＊銅鐘（重文）
＊山門（勅使門）
＊絹本着色一向上人像（県指定文化財） など

特別寺院

誕生寺 たんじょうじ

●法然上人生誕地にたつ遺跡《ゆいせき》寺院。建久4年（1193）、熊谷直実（法力房蓮生《ほうりきぼうれんせい》）が、法然上人の命により上人の御影を携えてこの地に来て建立したとされます。境内には、上人が幼少の頃に枝をさして成長したとする大イチョウや、誕生時に産湯にする水を汲んだ井戸なども。法然上人二十五霊場第1番。

住所 岡山県久米郡久米南町里方808
TEL 086-728-2102
アクセス JR津山線 誕生寺下車徒歩20分
URL https://tanjoji.or.jp
チェック ＊御影堂（重文）
＊二十五菩薩練供養（県指定重要無形民俗文化財）
＊宝物館

特別寺院

光照院門跡 こうしょういんもんぜき

●後伏見天皇の皇女・自本覚公により延文元年（1356）に開創。明治時代までは皇族出身者が住職に就き、常盤御所とよばれていました。天台・密教・禅・浄土の四宗兼学の禅宗寺院でしたが、明治初頭、浄土宗に。歴代門跡お手植えとされる境内の松は樹齢500年といい、見ごたえがあります。

住所　京都市上京区新町通上立売上ル安楽小路町425
TEL　075-561-3767（得浄明院気付）
アクセス　市営地下鉄烏丸線 今出川町下車徒歩5分
チェック　＊毘沙門堂
＊五葉の松

特別寺院

得浄明院 とくじょうみょういん

●明治15年（1882）、善光寺大本願の京都別院として大本願117世久我誓円台下（伏見宮邦家親王第三王女万喜宮）が開創。本尊に阿弥陀如来と観音・勢至菩薩の3体が一つの光背の前に並ぶ一光三《いっこうさん》尊《ぞん》如来を祀《まつ》り、堂内には本尊下の地下を廻《めぐ》る「戒壇廻り」を設けるなど、善光寺の特徴を備えています。

住所　京都市東山区林下町459
TEL　075-561-3767
アクセス　市営地下鉄東西線 東山下車徒歩5分（知恩院そば）
チェック　＊1000本以上のアヤメが咲き競う庭園
＊一光三尊如来
＊白天竜王・白女大明神を祀る白天社　など

特別寺院

三時知恩寺

さんじちおんじ

●入江御所とも呼ばれた門跡尼僧寺院。室町時代、後光厳天皇の皇女、見子内親王（入江内親王）が崇光天皇の御所（入江殿）を賜り寺に改め創建。宮中では、1日に勤めるべき6回の勤行すべては修しがたいため、晨朝《じんじょう》・日中・日没《にちもつ》の3回（三時）を当寺で勤めたことからその名がつけられました。

住所　京都市上京区新町通上立売下ル上立売町4
TEL　075-451-2211
アクセス　市営地下鉄烏丸線 今出川駅下車徒歩5分
チェック　＊絹本着色近衛予楽院像（重文）
＊枯山水式庭園「蓬莱の庭」
＊狩野永納筆「六曲一双屏風花鳥図」（市指定文化財）

巡拝のすすめ

法然上人二十五霊場

法然上人にゆかりのある二十五の寺院を霊場として定めたのが「法然上人二十五霊場」です。

江戸時代に浄土宗僧侶・霊沢《れいたく》上人が記した『円光大師御遺跡二十五箇所案内記』によれば、霊沢上人が大阪や兵庫の僧侶、信者らと、報恩謝徳の思いから法然上人の御影を祀る、中国・四国・関西地域の縁故寺院二十五か寺を巡拝したのがはじめとわかります。次第に人々に広まりをみせ、寺院ごとに檀信徒が団体で巡るなど、現在も盛んに行われています。

なおこれ以外にも、巡礼地の縮小、巡礼の簡易化を図った「うつし霊場」が、一部の地域に設けられています。

《法然上人二十五霊場》

①	岡山	誕生寺	久米郡久米南町里方808	(086)728-2102
②	香川	法然寺	高松市仏生山町甲3215	(087)889-0406
③	兵庫	十輪寺	高砂市高砂町横町1074	(079)442-0242
④	〃	如来院	尼崎市寺町11	(06)6411-3794
⑤	大阪	勝尾寺二階堂	箕面市勝尾寺	(072)721-7010
⑥	〃	四天王寺 阿弥陀堂	大阪市天王寺区四天王寺1-11-18	(06)6771-0066
⑦	〃	一心寺	大阪市天王寺区逢阪2丁目8-69	(06)6771-0444
⑧	和歌山	報恩講寺	和歌山市大川117	(0734)59-0185
⑨	奈良	當麻寺奥院	葛城市當麻1263	(0745)48-2008
⑩	〃	法然寺	橿原市南浦町908	(0744)22-3767
⑪	〃	東大寺指図堂	奈良市雑司町406-1（大仏殿西隣）	(0742)22-5511
⑫	三重	欣浄寺	伊勢市一之木2-6-7	(0596)28-2780
⑬	京都	清水寺 阿弥陀堂	京都市東山区清水1丁目 清水寺山内	(075)551-1234
⑭	〃	正林寺	京都市東山区渋谷通東大路 東入3丁目上馬町553	(075)541-8288
⑮	〃	源空寺	京都市伏見区瀬戸物町745	(075)601-2937
⑯	〃	粟生光明寺	長岡京市粟生西条ノ内26-1	(075)955-0002
⑰	〃	二尊院	京都市右京区嵯峨二尊院門前 長神町27	(075)861-0687
⑱	〃	月輪寺	京都市右京区嵯峨清滝月ノ輪町7	(075)871-1376
⑲	〃	法然寺	京都市右京区嵯峨天龍寺立石町1	(075)881-5909
⑳	〃	誓願寺	京都市中京区新京極通三条下ル 桜之町453	(075)221-0958
㉑	〃	勝林院	京都市左京区大原勝林院町	実光院(075)744-2537 宝泉院(075)744-2409
㉒	〃	大本山 百萬遍知恩寺	京都市左京区田中門前町103	(075)781-9171
㉓	〃	大本山 清浄華院	京都市上京区北之辺町395	(075)231-2550
㉔	〃	大本山 金戒光明寺	京都市左京区黒谷町121	(075)771-2204
㉕	〃	総本山知恩院	京都市東山区林下町400	(075)531-2111

《法然上人二十五霊場　縁故本山・特別霊場》

縁故本山	永観堂禅林寺	京都市左京区永観堂町48	(075)761-0007
特別霊場	比叡山黒谷青龍寺	京都市左京区八瀬秋元町946	(075)722-1300

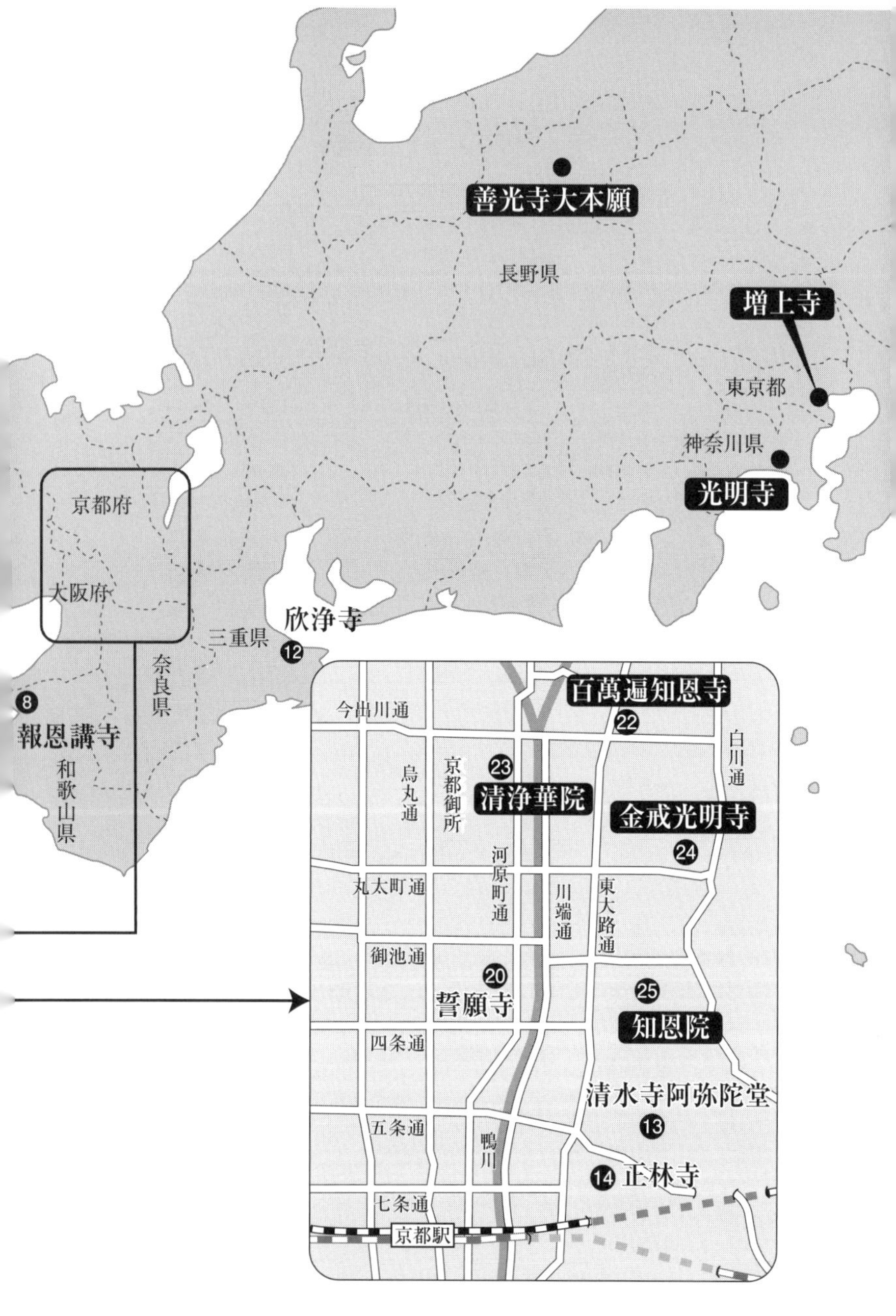
善光寺大本願
長野県
増上寺
東京都
神奈川県
光明寺
京都府
大阪府
三重県
欣浄寺
12
奈良県
8
報恩講寺
和歌山県
百萬遍知恩寺
22
今出川通
白川通
23
清浄華院
烏丸通
京都御所
金戒光明寺
24
河原町通
丸太町通
川端通
東大路通
御池通
20
誓願寺
25
知恩院
四条通
清水寺阿弥陀堂
13
五条通
鴨川
14
正林寺
七条通
京都駅

総・大本山、本山、特別寺院 法然上人二十五霊場略地図

白抜き文字は総・大本山

❶～㉕は法然上人二十五霊場

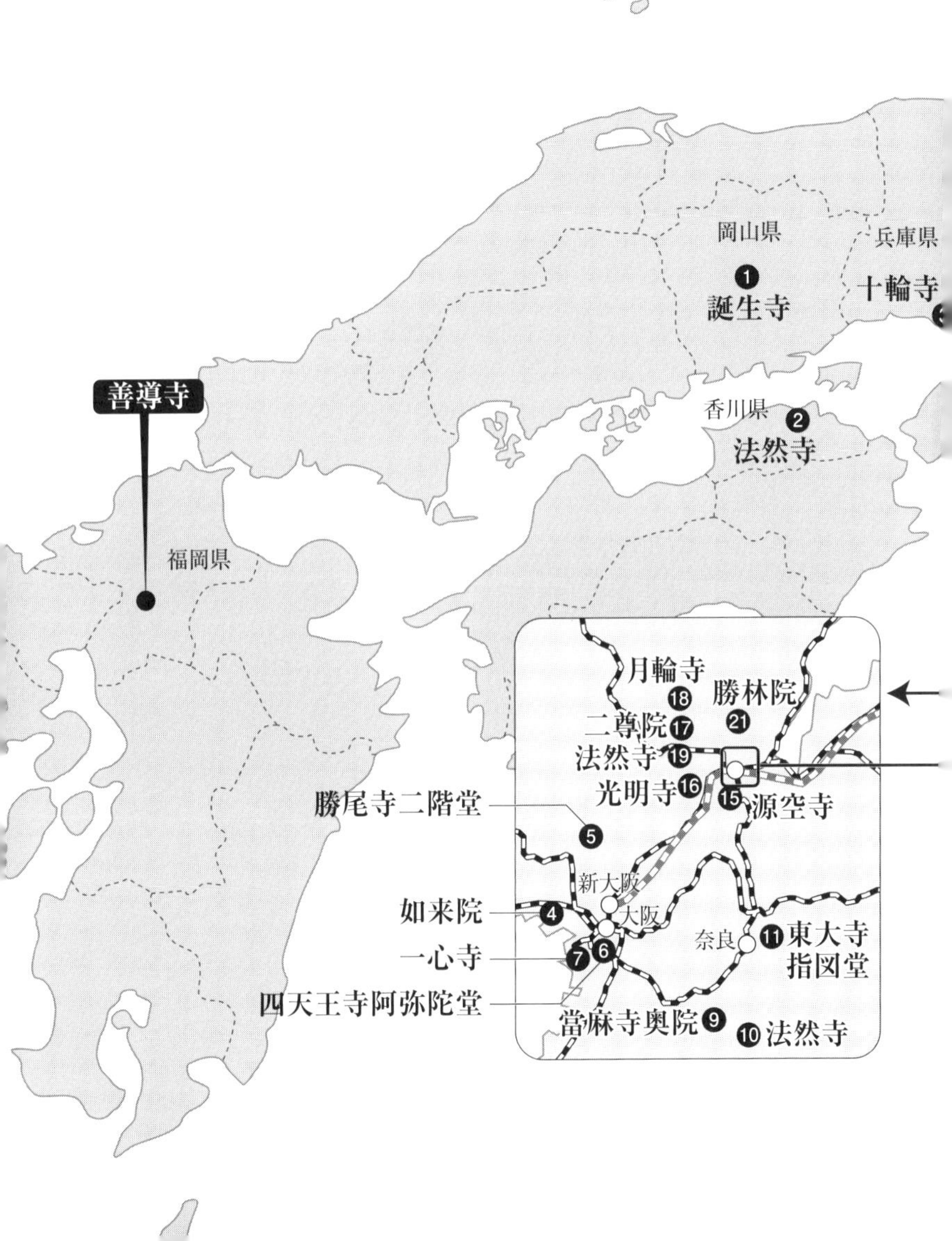

コラム⑱ 法然上人 八つの大師号《だいしごう》

「○○大師」という称号をご存じでしょうか。中国で高徳の僧侶に対して使われた尊称で、たとえば浄土宗で高祖と仰ぐ善導大師（613-681）がそうです。日本では天皇から贈られる諡号《しごう》となりました。伝教《でんぎょう》大師（最澄＝日本天台宗の開祖)、弘法《こうぼう》大師（空海＝真言宗の開祖）は有名ですね。

わたしたち浄土宗の宗祖法然上人にもあります。しかも、八つも。

上人に最初の大師号「円光《えんこう》」が贈られたのは元禄10年(1697)、東山天皇からで、天台・真言両宗以外では初めてでした。その14年後、宝永8年（1711）の上人500年大遠忌《だいおんき》（500回忌）の際に「東漸《とうぜん》」を、以降50年ごとに「慧成《えじょう》」「弘覚《こうかく》」「慈教《じきょう》」「明照《めいしょう》」「和順《わじゅん》」を、そして平成23年（2011）800年大遠忌にあたり「法爾《ほうに》」が贈られています。「法爾」とは「あるがままの理」を意味する「法爾道理」「自然《じねん》法爾」に由来する言葉。

大師号をもつ高僧多しといえども、一人に複数回贈られているのは法然上人だけです。

［執筆担当］

第1章　浄土宗の教え―――**袖山榮輝**

第2章　知っておきたい浄土宗あれこれ―――**編集部**

第3章　浄土宗の法要と行事―――**編集部**

第4章　浄土宗のおつとめ―――**編集部**

第5章　宗祖法然上人―伝記でたどるご生涯―――**善裕昭**

第6章　お釈迦さまのご生涯とその教え―――**袖山榮輝**

第7章　仏像に親しもう―――**吉水快聞**

付　録―――**編集部**

◉袖山榮輝（そでやま　えいき）

1963年東京都生まれ。長野市・十念寺住職・延命庵兼務住職。浄土宗総合研究所主任研究員。大正大学大学院文学研究科修士課程修了。専門はインド哲学、仏教学、梵文学。著書に『涙の先に』（浄土宗）、『浄土宗の常識』（朱鷺書房、共著）、『全注・全訳　阿弥陀経事典』（鈴木出版）ほか。

◉善裕昭（ぜん　ゆうしょう）

1962年佐賀県生まれ。佐賀県・安養寺住職。知恩院浄土宗学研究所嘱託研究員。元佛教大学准教授。佛教大学大学院文学研究科博士課程満期退学。専門は法然上人伝記、浄土教思想史。主な論文に、「長楽寺隆寛の足跡」（『親鸞教学』98）、「善照寺蔵古本漢語燈録」（浄土宗総合研究所編『黒谷上人語燈録写本集成1』）など。

◉吉水快聞（よしみず　かいもん）

1982年奈良県生まれ。奈良県・正楽寺住職。彫刻家・仏師。大正大学客員教授、龍谷大学非常勤講師。東京藝術大学大学院美術研究科修了。文化財保存学を専攻、快慶の阿弥陀如来像を中心に研究し、2010年博士号（文化財）取得。2011年奈良市に工房「巧匠堂」を構え、仏像の製作・修復、創作活動にいそしむ。

●浄土宗出版では本書の他にも多くの書籍をご用意しております。詳しくはウェブサイト（右記QR・下記アドレス）でご覧になれます。また出版目録もございますので、下記へご請求ください。

新版 檀信徒宝典
読んでわかる浄土宗

平成28年10月1日 初 版第1刷発行
平成30年4月7日 第2版第1刷発行
令和6年7月1日 第2版第3刷発行

装 丁	黒田陽子（志岐デザイン事務所）
イラスト	遠藤由貴子，中島宏
発 行	浄土宗 浄土宗宗務庁 〒605-0062 京都市東山区林下町400-8 TEL（075）525-2200（代表） 〒105-0011 東京都港区芝公園4-7-4 TEL（03）3436-3351（代表）
発行人	川中光教
編 集	浄土宗出版 〒105-0011 東京都港区芝公園4-7-4 TEL(03)3436-3700 FAX(03)3436-3356 E-mail:syuppan@jodo.or.jp https://press.jodo.or.jp/
印 刷	倉敷印刷株式会社

ISBN 978-4-88363-092-9 C0015